ELEMENTOS DE PEDAGOGIA DA LEITURA

ELEMENTOS DE PEDAGOGIA DA LEITURA

Ezequiel T. da Silva

Martins Fontes
São Paulo 2005

Copyright © 1988, Livraria Martins Fontes Editora Ltda.,
São Paulo, para a presente edição.

1ª edição
janeiro de 1988
3ª edição
junho de 1998
3ª tiragem
março de 2005

Preparação do original
Alexandre Soares Carneiro
Produção gráfica
Geraldo Alves
Composição
Antonio Cruz
Antonio N. Quintino

Dados Internacionais de Catalogação na Publicação (CIP)
(Câmara Brasileira do Livro, SP, Brasil)

Silva, Ezequiel Theodoro da, 1948-
 Elementos de pedagogia da leitura / Ezequiel T. da Silva. – 3ª ed.
 – São Paulo : Martins Fontes, 1998. – (Texto e linguagem)

 ISBN 85-336-0859-4

 1. Hábito de leitura 2. Leitura 3. Leitura – Psicologia 4. Livros e leitura I, Título II. Série.

98-2224   CDD-370.15

Índices para catálogo sistemático:
 1. Aprendizagem de leitura : Psicologia
    educacional   370.15
 2. Leitura : Aprendizagem : Psicologia
    educacional   370.15

Todos os direitos desta edição para o Brasil reservados à
Livraria Martins Fontes Editora Ltda.
Rua Conselheiro Ramalho, 330 01325-000 São Paulo SP Brasil
Tel. (11) 3241.3677 Fax (11) 3101.1042
e-mail: info@martinsfontes.com.br http://www.martinsfontes.com.br

ÍNDICE

APRESENTAÇÃO
O ensino é livresco, mas sem livros — João Wanderley Geraldi IX

CAPÍTULO 1
A presença e o lugar da leitura na escola 1

CAPÍTULO 2
Leitura na escola: um objeto de conquista 13

CAPÍTULO 3
Por mais leitura: o desmantelamento da censura nas escolas.. 29

CAPÍTULO 4
Por melhor leitura: o combate à redundância e à superficialidade teórica.................................. 45

CAPÍTULO 5
Leitura no ensino da língua portuguesa 69

CAPÍTULO 6
Leitura escolar: a questão de suas finalidades   79

CAPÍTULO 7
Leitura: da teoria para a prática em sala de aula   93

Notas... 123

Talvez mais um murro em ponta de faca
porque a faca — cruz credo — ainda está aí
                                  escondida
                                  decidida
                                  distorcida

Acender a luz, ler melhor o mundo,
antes de desferir o certeiro murro,
e deixar de ser inocente e burro...

                                  Ezequiel

O ENSINO É LIVRESCO, MAS SEM LIVROS

"A compreensão deve ser entendida como um modo de ser do homem no mundo, como um projeto de existência. Ou seja: o homem encontra significados para o seu existir à medida que se projeta no mundo, buscando a compreensão de si, dos outros, das coisas. Ao estabelecer um horizonte de compreensão iniciando um trajeto de busca, o homem tem (necessariamente) de iniciar um processo de interpretação, à luz de suas experiências prévias de mundo."

(Ezequiel T. da Silva)

Este novo livro sobre leitura vem somar-se aos três anteriores escritos por Ezequiel T. da Silva: *O Ato de Ler* (Cortez & Autores Associados), *Leitura e Realidade Brasileira* (Mercado Aberto) e *Leitura na Esco-*

la e na Biblioteca (Papirus). Mas estes agora quatro livros, insistindo a cada vez diferentemente sobre o sempre novo mesmo tema, são na verdade apenas uma parte do trabalho mais amplo a que o autor se dedica e que tem como horizonte a transformação da leitura em uma prática social neste país de poucos leitores.

Neste sentido, aos livros juntam-se lutas desenvolvidas na Associação de Leitura do Brasil (que o autor vem presidindo desde sua fundação em 1981); a organização dos Congressos Brasileiros de Leitura — os COLEs — como espaços públicos e privilegiados da discussão sobre a leitura no Brasil; a participação em Seminários e cursos pelos diferentes Brasis; as aulas ministradas na universidade; etc. E provavelmente são os "eteceteras" que mais dão trabalho no trabalho a que se dedica o Ezequiel, porque eles representam o tempo de uma reflexão, solitária às vezes, partilhada outras vezes, cujos resultados aparecem publicamente nos livros, na Associação, nos congressos. Ter no horizonte este "modo de ser no mundo" do autor, para acompanhar o *"trajeto* de busca", que já não é mais só seu, talvez seja a melhor forma de "iniciar um *processo* de interpretação" para compreender este *"projeto de existência".*

Estes *Elementos de Pedagogia da Leitura* foram escritos com garra, sem as muitas vezes pernósticas "distâncias acadêmicas", que mais escondem a ausência do que anunciam a presença de um projeto de compreensão do mundo. Tematizando as condições em que se realiza a leitura na escola, as *denúncias* são também, como quer Paulo Freire, *anúncios* que retiram a leitura das quatro paredes da sala de aula porque "não se forma um leitor com uma ou duas cirandas e nem com uma ou duas sacolas de livros, se as condições sociais e escolares, subjacentes à leitura, não forem consideradas e transformadas". Daí o autor defender a leitura na escola como objeto de conquista que segue junto a outra conquista: *a conquista da leitura como prática social.* Se esta prática inexiste em nosso meio, não basta descobrir e denunciar suas razões históricas e atuais, é preciso optar por uma mudança e construir esta mudança.

Assim, podemos nos associar ao autor, assumindo que "os homens fazem a história quando se movimentam no horizonte da *esperança.* Os homens superam as circunstâncias vividas no presente quando juntos, numa mesma motivação, compartilham da *confiança*. Os homens estabelecem novas formas de convivência e de ação social quando se situam no *horizonte das conquistas*". Mas neste momento é preciso acrescentar algo mais, que eu chamaria de *coragem*. Penso que *Elementos de Pedagogia da Leitura* convidam, principalmente, para uma "pedagogia da coragem" que o autor revela não só nas análises das condições de leitura mas também na abrangência de temas que faz aflorar como elementos que precisam vir à tona se se quiser alterar a forma atual de convivência social. Coragem que se revela também ao assumir os riscos, e o autor está consciente destes riscos, de listar propostas de trabalho. À estratégia da denúncia junta-se o risco de propostas que não poderiam ser tomadas como receitas, mas que poderão (e este é o risco maior) ser tomadas como tais. Para construir, no entanto, é preciso arriscar e arriscar-se. Nestes *Elementos de Pedagogia da Leitura*, o leitor verá, Ezequiel T. da Silva abandona o confortável espaço do des-compromisso, relevando-se, mais uma vez, o sujeito comprometido não com *a leitura*, mas com *uma certa leitura*: "se um texto, quando trabalhado, não proporcionar o salto do leitor para o seu contexto (isto é, para a intencionalidade social que determinou o objetivo, o conteúdo e o modo de construção do texto), e, mais, se o contexto do texto lido não proporcionar uma compreensão mais profunda do contexto em que o sujeito-leitor se situa, ou busca se situar, então a leitura perde sua validade".

Dentre as muitas questões suscitadas pela leitura destes *Elementos de Pedagogia da Leitura*, duas delas apontam para um (aparente) paradoxo: o fato de que o ensino, no Brasil, é livresco, associado ao fato de que inexistem livros, bibliotecas nas escolas. Sem livros, pratica-se no Brasil um ensino livresco. Na caracterização aqui dada, o ensino livresco é autoritário, mistificador da palavra escrita, a que se atribui uma só leitura, obedecendo cegamente aos referenciais dos autores e reproduzindo mecanicamente as idéias captadas nos textos tomados como fins em si mesmos. A ausência do livro é compensada pelas máquinas de xérox, pelos mimeógrafos, pelas apostilas e pelos livros didáticos. Produtos de consumo rápido, disponíveis, descartáveis; nunca o livro por inteiro porque seria trabalhoso estudá-lo para extrair dele o que se busca: não há busca, engolem-se informações pré-fixadas como conteúdos; não se degustam conquistas, as sopas pré-fabricadas das respostas a repetir não exigem o trabalho de cortar, mastigar, degustar — a papa está pronta.

Sei que da existência pura e simples de material bibliográfico, de livros "à mão cheia" não resulta, mecanicamente, um ensino não livresco: experiências bem próximas o demonstram. Mas uma coisa me parece correta: *o ensino livresco se sustentará por um tempo maior quanto menor for o acesso da população ao livro.* Por isso, o paradoxo de um ensino livresco sem livros é um paradoxo aparente: quanto menos se lê, mais autoritária e única é a leitura das "autoridades". Lutar pela leitura, pelo livro, pela biblioteca é, então, uma forma de lutar contra o ensino autoritário, repetitivo, alienante e... livresco.

João Wanderley Geraldi
junho de 1987

CAPÍTULO 1

A PRESENÇA E O LUGAR DA LEITURA NA ESCOLA

É muito difícil, senão impossível, refletir sobre as diferentes vertentes do trabalho escolar sem considerar o processo de busca e produção do conhecimento. Através da *docência*, a escola tem por responsabilidade proporcionar condições para que os seus alunos conheçam ou recriem o conhecimento já existente em diferentes áreas; através da *pesquisa*, a escola lança-se ao desafio de criar ou produzir o conhecimento que ainda não existe; através dos chamados *"serviços à comunidade"*, a escola pode ler e analisar os problemas da realidade circundante e acionar os seus conhecimentos e/ou os seus recursos no sentido de tentar minimizar ou resolver esses problemas.

Nesse ciclo de criação e recriação do conhecimento, próprio da vida escolar, a leitura ocupa, sem dúvida alguma, um lugar de grande destaque. Vale dizer que esse lugar não decorre somente das funções que a escola visa atingir, mas confunde-se com a própria caracterização dos atos de educar(-se) e de ler, que são, em essência, atos de conhecimento de objetos colocados à indagação de sujeitos (professores, alunos, administradores, escolares, etc...) em estado de curiosidade e de busca. Assim, tanto o processo de educação como o de leitura, quando criticamente levados a efeito, indicam um *movimento* dos sujeitos (envolvidos naqueles processos) de um lugar para outro, procurando compreender e conhecer a razão de ser das coisas.

Se é relativamente fácil constatar a presença da leitura na escola, torna-se um pouco mais difícil discutir as *condições concretas de produção da leitura,* nesse contexto. Mais especificamente, a importância e a necessidade do ato de ler, para professores e alunos, são irrefutáveis, porém é necessário analisar criticamente as condições existentes e as formas pelas quais esse ato é conduzido no contexto escolar. O discurso e o bom senso nos mostram que a leitura é importante no processo de escolarização das pessoas (para muita gente, "ir à escola" ainda é sinônimo de "aprender a ler e escrever"); os recursos reais para a prática da leitura na escola podem, entretanto, contrapor-se àquele discurso, pois que revelam a condição de sua possibilidade. Assim, a dimensão quantitativa (mais leitura ou menos leitura) e a dimensão qualitativa (boa leitura ou má leitura) do processo dependem da existência de condições escolares concretas para a sua produção.

A mistificação da palavra escrita, cristalizada pela ideologia e reproduzida ao longo de nossa história, é um primeiro aspecto a ser aqui discutido. O caráter estritamente livresco do ensino e as formas autoritárias através das quais os livros são apresentados em sala de aula tendem a contribuir para com a docilização dos estudantes, gerando a falsa crença de que tudo o que está escrito ou impresso é necessariamente verdadeiro. Decorre daí a obediência cega aos referenciais colocados nos livros e a reprodução mecânica de idéias captadas pela leitura. Neste caso, os processos de memorização de conteúdos pré-fixados — que são determinados pelos textos e reforçados pelos professores — tomam o lugar do conhecimento, do questionamento, da discussão e crítica das idéias veiculadas, impedindo que o aluno-leitor se torne sujeito do trabalho que executa. Isto nos remete àquilo que Paulo Freire chama de "educação bancária"[1], através da qual o professor simplesmente desembrulha um conjunto de informações, orais ou escritas, para encher a cabeça dos alunos. Daí a passividade, o amortecimento da crítica e da criatividade, o consumo mecânico e não-significativo das idéas propostas nos textos, etc...

A leitura de textos tomados como fins em si mesmos, em função da mistificação daquilo que está escrito, gera uma outra conseqüência nefasta para a formação do leitor, qual seja, a de estraçalhar a própria natureza do processo de leitura. Se um texto, quando trabalhado, não proporcionar o salto do leitor para o seu contexto (isto é, para a intencionalidade social que determinou o objetivo, o conteúdo e o modo de construção do texto), e mais, se o contexto do texto lido não proporcionar uma compreensão mais profunda do contexto em que o sujeito-leitor se situa ou busca se situar, então a leitura perde a sua validade. Perde a sua validade porque as palavras do escritor ficam como que magicamente fechadas em si mesmas, sem que os elementos do real, indicados ou evocados pelas palavras, sejam efetivamente colocados em sua relação direta com a história e experiências do leitor. Dessa forma, não existe a posse, apreensão ou compreensão de idéias, mas a mera reprodução alienada de palavras ou de trechos veiculados pelo autor do texto. Aqui os signos impressos são tomados como autônomos, sem que o leitor elabore e faça a mediação com o social, com o concretamente vivido.

Infelizmente, esse tipo de leitura é uma constante nas escolas brasileiras de 1º e 2º graus[2] e, com diferentes graus de incidência, na própria universidade. Basta lembrar daqueles trabalhos escritos em que observamos o plágio, a cópia literal, o discurso remissivo dentro do "estilo aspasiano", etc... sem que o aluno se coloque ou, pelo menos, demonstre uma incursão crítica e questionadora dentro do conhecimento que se propôs investigar. Dessa forma, os textos que serviram como fontes do conhecimento não são devidamente recriados em uma nova síntese, própria daquele que faz avançar a sua compreensão da realidade; pelo contrário, as fontes são mecanicamente estudadas para o cumprimento de uma obrigação externa, visando a nota e/ou a aprovação numa determinada disciplina[3]. Muitas vezes a estruturação de um trabalho escrito aparece repleta de recortes de outros autores, permanecendo no nível da mera edição ou colagem do tipo "conforme fulano, segundo sicrano", onde as notas de rodapé são muito mais extensas do que o discurso pessoal do estudante. Estabelece-se, assim, o "círculo vicioso do silêncio"[4] — a única voz autorizada a falar, a afirmar, é aquela contida nos livros; a voz do estudante não soa dentro do trabalho que ele próprio produziu...

Tal fenômeno não ocorre ao acaso e nem por culpa total dos estudantes — ele é uma decorrência da *não-integração curricular* entre as diferentes disciplinas oferecidas pela escola, que, além de desprezar as condições de produção da leitura por parte dos alunos (tempo, acesso aos textos, habilidades adquiridas, etc...), propõe uma verdadeira "enxurrada de livros e/ou apostilas" para o encaminhamento das aulas. Privilegia-se o consumo rápido dos textos; não sobra tempo para a discussão das idéias, para a exposição das interpretações individuais e para a partilha das experiências geradas pela incursão nos textos[5]. Por outro lado, e isso não é tão raro assim, muitos professores ainda tomam o ato pedagógico como sinônimo de leituras efetuadas, o que é restringir muito ou distorcer completamente a dimensão e a abrangência desse ato. Sem dúvida que a busca de conhecimento pode e deve ser mediada pela leitura de determinados textos, porém o ato pedagógico vai exigir muito mais do que isso. Entre as exigências básicas, coloca-se o estabelecimento de relações dialógicas para a aproximação das pessoas, para a organização do avanço cognitivo sobre determinadas questões e para as decisões a serem tomadas a respeito das necessidades de aprendizagem do grupo. Sem a prática dessas relações, sem que os textos selecionados sejam devidamente discutidos, sem que se organizem os conteúdos do conhecimento, teremos a abordagem livresca no processo educativo. Essa abordagem, por sua vez, será autoritária e geradora de medo ou de individualismo, movido por conveniências oriundas da própria situação.

Um outro aspecto que merece ser abordado e discutido refere-se à *utilização de bibliotecas e/ou acervos* existentes nas escolas ou na comunidade. Nesta área, exceções à parte, a grande maioria dos professores brasileiros ainda não descobriu que os acervos disponíveis, quando integrados nos trajetos de busca e produção do conhecimento, podem ser importantes e significativos. Muito freqüentemente, a procura por máquinas xérox, visando a reprodução de textos retalhados para consumo rápido, é bem maior do que o número de visitas às bibliotecas. O chamado "vício das apostilas"[6] ainda não foi frontalmente combatido nos meios escolares, e muitos alunos terminam a sua trajetória acadêmica sem nunca ter lido um único livro e sem nunca ter adentrado o recinto de uma biblioteca.

Em certos casos, o recorte de livros (apostilas mimeografadas ou xerografadas) pode se colocar como a única saída possível para o desenvolvimento do estudo.

Isto porque a formação e a manutenção de bibliotecas escolares ainda não se transformaram em uma *forte* preocupação política na seara educacional. Entretanto, não cremos ser somente essa a razão do descaso para com a procura de fontes do conhecimento — a lei do mínimo esforço, própria das sociedades de consumo, faz com que o caminho da biblioteca fique muito mais longo e muito mais demorado do que o texto curto e pronto-à-mão, xerografado ou mimeografado pelo professor. Infelizmente, são poucos os professores que visitam as bibliotecas a fim de conhecer os seus recursos e tentar um trabalho integrado com os bibliotecários[7]. Esse tipo de trabalho poderia ser um meio de se combater a ideologia da pressa superficializante e proporcionar aos alunos mais alternativas para a investigação de determinados assuntos.

Ainda no terreno das condições de produção da leitura, é importante discorrer um pouco sobre as *expectativas em relação ao aluno-leitor*, como encontradas nos diferentes graus do sistema educacional. Mais especificamente, sobre as habilidades de leitura, aprendidas pelos alunos ao longo da sua trajetória acadêmica. O caráter propedêutico do ensino brasileiro conjugado ao fenômeno da transferência de responsabilidade (repasse da aprendizagem real dos estudantes para a série ou grau seguinte) constituem o cerne daquelas expectativas, fazendo com que o professor de uma determinada série pressuponha um conjunto de habilidades pré-adquiridas pela classe em séries anteriores. Imagina-se, com base não sei em que lei divina, a aquisição prévia de habilidades e o desenvolvimento de uma história de leitura, que permitiriam ao aluno o estudo e a fruição de qualquer tipo de texto — às vezes, chega-se ao absurdo de conceber o aluno alfabetizado como sinônimo de aluno-leitor[8].

Essa expectativa, uma vez presente na escola, gera muitas reclamações por parte dos professores. Quanto aos alunos, a situação é de desespero, principalmente por sentirem-se incapazes de realizar as tarefas propostas. Na maioria das vezes, as reclamações e insatisfações dos professores decorrem de um radical apego ao programa pré-estabelecido — programa esse que precisa seguir em frente, meio "na marra", apesar das dificuldades encontradas pelos alunos. Estes, por sua vez, devido a um conhecimento que não foi adquirido em séries antecedentes, não conseguem o adentramento crítico nos textos propostos. A partir desse fato, que apresenta conseqüências extremamente negativas para o aluno (sentimento de incapacidade, pouco aproveitamento, repetência e evasão escolar, entre outras), surge um "pacto de mentira": os alunos fingem que leram e compreenderam os textos e os professores fingem que acreditam nesse jogo de fingimento. Daí, talvez, a diferença entre "ledores", formados pela escola, e "leitores", tão necessários à sociedade brasileira.

Essa é a paisagem que conseguimos desenhar no intuito de retratar as nossas percepções sobre o lugar e a presença da leitura na escola. Não é uma paisagem perfeita e necessita, por isso mesmo, de uma série de retoques. A análise sobre os porquês da imperfeição dessa paisagem será objeto do próximo capítulo deste livro. Em essência, nós, professores e alunos, somos "a paisagem dessa paisagem"[9] e temos de pensar profundamente os nossos atos e as nossas responsabilidades, à luz, principalmente, das condições de produção de leitura na escola e das exigências necessárias à convivência numa sociedade democrática, onde a lei do porrete e os princípios de controle autoritário do comportamento das pessoas não podem e não devem mais existir.

CAPÍTULO 2

**LEITURA NA ESCOLA:
UM OBJETO DE CONQUISTA**

*"Paisagem, país
feito de pensamento da paisagem,
na criativa distância espacitempo,
à margem de gravuras, documentos,
quando as coisas existem com violência
mais do que existimos: nos povoam
e nos olham, nos fixam. Contemplados,
submissos, delas somos pastos,
somos a paisagem da paisagem."*

(Carlos Drumond de Andrade, *As Impurezas do Branco*, p. 41)

Quem trabalha no magistério, sentindo as agruras e os percalços do dia-a-dia, leva sempre consigo a esperança. Quem trabalha no magistério, olhando sensivelmente para o semblante e para as necessidades dos educandos, leva sempre consigo a confiança. Quem trabalha no magistério, vivendo um rol imenso de dificuldades, leva sempre consigo a idéia de luta e de conquista.

Esperança, confiança e conquista são noções que devem ser aqui entrelaçadas. Os homens fazem a história quando se movimentam no horizonte da esperança. Os homens superam as circunstâncias vividas no presente quando juntos, numa mesma motivação, compartilham a confiança. Os homens estabelecem novas formas de convivência e de ação social quando se situam no horizonte das conquistas.

A esperança, esse característico exclusivamente humano, nos dirige para dias melhores do que os atuais, fazendo nascer a idéia de um Brasil onde não mais existam injustiça, discriminação e marginalização social. A confiança, desenvolvida e amadurecida nos processos de convivência e de diálogo, nos diz que existem outras pessoas — co-participantes desses processos — que percebem a necessidade de união e mobilização para a transformação da sociedade. A conquista, somada à esperança e à confiança entre homens "colados" num mesmo propósito, dirige a ação coletiva para o enfrentamento e a superação de determinadas contradições da realidade.

Enganam-se os radicais do determinismo! Os professores praticam em suas vidas a esperança e a confiança; por isso mesmo, em que pese a demagogia discursiva dos políticos incompetentes, os professores não foram totalmente massacrados pelas manobras da ideologia vigente. Com a conquista da redemocratização do país pelo povo brasileiro, de classe em-si, os professores reforçam e consolidam os seus movimentos no sentido de reivindicar melhores condições para-si e, nestes termos, poder trabalhar com mais dignidade. Ao se colocar como uma classe para-si no movimento de nossa história, os professores instauram e disseminam denúncias, reivindicações, e decidem sobre diferentes objetos de conquista através da luta unida. Coragem, conflito, desobediência, etc... deixam de ser meras palavras de ordem e passam a ser instrumentos concretamente vivenciados em práticas associativas de cunho político. No bojo das condições de trabalho e de ensino deveriam entrar, também, as condições para o acesso aos livros e para a realização de leituras diversas.

O que o professor lê? Que acesso tem o professor aos livros de sua área de conhecimento? Quantas visitas faz o professor às bibliotecas, às livrarias? Quantos livros o professor tem condições de adquirir, visando o incremento do ensino e o seu crescimento como pessoa? Que tempo sobra, afinal, para a busca e leitura de textos? E a biblioteca escolar — existe e está funcionando realmente? E a presença de bibliotecários na escola — existe isso? Temos de ir a fundo nestas questões, indagando sobre as razões subjacentes às precárias condições de produção da leitura por parte dos professores (diga-se de passagem que essas condições são ainda mais precárias para a população oprimida em geral)[1].

O empobrecimento das possibilidades de leitura dos professores e, por conseqüência, do alunado, como ocorreu mais incisivamente no período de ditadura e arbítrio, significou, antes de mais nada, o empobrecimento do próprio ensino. Isto porque a busca do conhecimento através da escola é feita fundamentalmente através do texto escrito ou, na pior das hipóteses, através de textos oralizados. Assim, a redução do tempo dos professores para dedicação ao estudo e à leitura, a falta de poder aquisitivo para a compra de livros, a não-expansão e/ou não-manutenção de bibliotecas escolares e públicas, a compartimentalização da docência devido ao corre-corre diário, a desintegração curricular, etc... não ocorreram por acaso; pelo contrário, eles devem ser tomados e entendidos como mecanismos muito bem calculados pelo regime opressor com o intuito de manter o povo na ignorância, de impedir a democratização do saber. Oprimindo os professores e empobrecendo ao máximo as condições para o ensino qualitativo, o poder dominante estava, em essência, reproduzindo as estruturas sociais injustas e, dessa forma, dificultando a circulação democrática do conhecimento junto às crianças.

Em síntese, o regime autoritário e arbitrário foi paulatinamente expropriando dos professores os seus instrumentos primordiais de trabalho[2], entre eles o acesso aos textos para a sua atualização, o que reverteria — muito provavelmente — em melhor percepção da realidade social e, através dessa percepção, em outras formas de encaminhamento do ensino. Mas, se o acesso aos textos, proporcionando a leitura da palavra, lhes foi dificultado ou barrado, não lhes foi colocada uma venda nos olhos, nem um tapa-ouvidos e nem um esparadrapo na boca que impedisse a leitura crítica dos acontecimentos e das circunstâncias sociais (a chamada "leitura do mundo"[3], como diz Paulo Freire). A leitura do real permitiu, ainda, a organização e a mobilização dos professores em suas entidades de classe, visando a crítica e a mudança das estruturas educacionais. É interessante observar que a reunião em *assembléia*, vista aqui como um procedimento de discussão e decisão democrática, recuperada no início da década de 80 e amplamente utilizada em diferentes contextos, lançou mão da *oralidade* dos participantes. Esse fenômeno serve para mostrar a capacidade dos professores (e o do povo brasileiro como um todo) em ler e expressar os problemas do cotidiano através de outras linguagens (a oral, por exemplo), secundarizando um pouco a função da escrita como fator fundamental de análise e decisão.

A conquista de melhores condições para a efetivação da educação formal e, conseqüentemente, para o encaminhamento da leitura na escola vai depender de uma análise crítica da *ideologia da miséria* no contexto do magistério. Como a expropriação das condições para a leitura foi sendo progressivamente feita, chegando ao estado de carência quase que absoluta dos dias de hoje, a ideologia dominante quer levar os professores a crer que as coisas sempre foram assim e sempre assim serão. Ora, cair nos engodos dessa ideologia é permanecer no esquema de reprodução das estruturas vigentes (sociais e educacionais), é perder a autonomia e a dignidade e, o que talvez seja pior, é arrefecer a esperança e tornar-se dependente. Sim, professores e alunos precisam ler porque a leitura é um componente da educação e a educação, sendo um processo, aponta para a necessidade de buscas constantes de conhecimento. Porém, para que estas buscas se efetivem na prática e gerem benefícios sociais, precisamos de condições concretas para produzir diferentes tipos de leitura. Mais especificamente, a inserção dos educandos no mundo da escrita não é uma questão de dom ou sacrifício[4], pois depende de trabalho, de instrumental de trabalho (livros) e de situações significativas de ensino-aprendizagem na esfera da escola.

Os professores precisam ficar bastante atentos quanto ao *paternalismo* que vem se fazendo presente na área da leitura escolar. Quer dizer: os programas nacionais de distribuição gratuita de livros para as escolas não podem fugir a uma análise por parte dos trabalhadores da educação. Os discursos em torno desses programas, visando debelar a crise da leitura, são bem maiores do que os recursos oferecidos para a sua operacionalização. Infelizmente, as decisões ainda continuam centralizadas em gabinetes federais, sem que haja muita consideração pelas realidades regionais ou municipais deste país. De repente, com o intuito de minimizar a dívida social do Governo para com a leitura escolar, as escolas brasileiras são "premiadas" com alguns caixotes de livros, vindos de não sei onde e não se sabe para que fim. Como a grande maioria das escolas não possui infra-estrutura adequada (funcionários, sala para biblioteca, bibliotecários, fichas de catalogação, etc...) para fazer circular os livros doados[5] e muito menos o tempo necessário para discutir a sua dinamização por professores e alunos, então a leitura fica sendo tratada com *paliativos* em regime de urgência, o que não modifica muito as coisas.

Não se forma um leitor com uma ou duas cirandas e nem com uma ou duas sacolas de livros, se as condições sociais e escolares, subjacentes à leitura, não forem consideradas e transformadas[6]. Em nossa intimidade, todos nós sabemos que, ao nos confrontarmos com textos densos e inusitados ou até mesmo textos anteriormente lidos, estamos aprendendo a ler — isto vem demonstrar que o ato de ler, se devidamente enraizado na vida do sujeito, não pode ser saciado nos limites fechados de acervos paternalmente doados às escolas. Por outro lado, continuamos lendo, não só por uma exigência do trabalho docente, mas principalmente porque as condições econômicas nos permitem a aquisição dos livros de que gostamos bem como o tempo suficiente para fruir esses livros. Daí a necessidade de se pensar uma política de leitura para o povo brasileiro e para a escola, levando em consideração as reais condições para a produção da leitura. Resulta desse esclarecimento que a leitura deve ser tomada como uma *prática social* a ser devidamente encarnada na vida cotidiana das pessoas, e cujo aprendizado se inicia na escola, mas que, de forma nenhuma, deve terminar nos limites da experiência acadêmica. Daí, talvez, a diferença entre o "ler como uma obrigação puramente escolar" e o "ler para compreender a realidade e situar-se na vida social".

Neste capítulo, estamos insistindo na discussão sobre as condições de produção da leitura dos próprios professores. Essa insistência decorre do seguinte: sem professores que leiam, que gostem de livros, que sintam prazer na leitura, muito dificilmente modificaremos a paisagem atual da leitura escolar[7]. Mesmo com o preenchimento de todos os quesitos ideais para a efetivação da leitura na escola, sem a presença de professores devidamente instrumentalizados em comunicação escrita, não existirá a mínima possibilidade de transformação e avanço. Dessa forma, ao conquistar o ato de ler para si mesmo, dentro de condições propícias, o professor estará aumentando o seu repertório de conhecimentos, o que poderá reverter em incremento do trabalho pedagógico.

Mas, além de tomar em mãos a melhoria das suas condições de trabalho e de leitura, os professores precisam, também, superar os metodologismos e os dogmatismos escolares, que esterilizam a consciência dos educandos. Na área do ensino da leitura, onde as informações de referência não são muito fartas, os metodologismos e os dogmatismos vicejam e se esparramam rapidamente, levando o professor a acreditar no fixismo e na imutabilidade das ações docentes. Segundo Décroly, "é absurdo querer preparar para a vida social de amanhã, com métodos adaptados à sociedade de ontem"[8] — assim, este parece ser um momento muito oportuno para uma reconsideração de idéias muito antigas, cristalizadas e reproduzidas pela tradição e pelos manuais de ensino. Basicamente, precisamos ter em mente uma formulação clara e precisa a respeito do leitor que educamos, de por que o estamos educando; além disso, precisamos de muita ousadia e coragem para avaliar criticamente os métodos educativos, geralmente oriundos de pedagogias consumistas, alienantes e fechadas em si mesmas. Na ausência de experiências inovadoras e fecundantes, nascidas da comunhão dos professores no horizonte de busca de uma nova sociedade, a revolução qualitativa da educação brasileira — colocando-se aí o ensino da leitura — não passará de uma veleidade ou ilusão.

Em essência, a leitura caracteriza-se como um dos processos que possibilita a participação do homem na vida em sociedade, em termos de compreensão do presente e passado e em termos de possibilidade de transformação sociocultural futura. E, por ser um instrumento de aquisição, transformação e produção do conhecimento, a leitura, se acionada de forma crítica e reflexiva dentro ou fora da escola, levanta-se como um trabalho de combate à alienação, capaz de facilitar às pessoas e aos grupos sociais a realização da liberdade nas diferentes dimensões da vida. Por isso mesmo, considerando as contradições presentes em nossa sociedadede, uma concepção de leitura não pode deixar de incluir movimentos da consciência, voltados ao questionamento, à conscientização e à libertação.

Essa concepção, que vincula o ato de ler aos atos de questionar, conscientizar-se e libertar-se, pode ser bonita e objetiva em termos de citação, mas a sua adoção e utilização nas práticas pedagógicas vão depender do preenchimento de uma série de condições, entre as quais aquelas que já descrevemos e que precisam ser conquistadas pelos educadores e educandos. Mas existem outras, de igual importância, que precisam ser estudadas e sem as quais não se vincula a teoria à prática. Referimo-nos ao próprio encaminhamento didático-pedagógico, subjacente à orientação e produção da leitura nas escolas. Temos de buscar ou construir técnicas de ensino a partir daquilo que existe em nossa frente, isto é, da realidade concreta das escolas e das necessidades dos educandos. Como disse Elise Freinet, comentando uma experiência de C. Freinet: "É certo que [ele] não pode mudar as deploráveis condições materiais da aula de um dia para outro: é pobre, a verba concedida (...) é insignificante; mas pelo menos não partirá às cegas, no ar, cheio de um idealismo platônico, que se deixa abater diante de dificuldades insuperáveis. Parte daquilo que já existe. E o que existe é a riqueza da alma infantil, repleta de alegria e de entusiasmo; o que existe é a pobreza do meio escolar e social. E é também o espírito retrógrado que transforma a escola do povo numa instituição medieval. No atual estado de coisas, o esforço pedagógico do professor deve tender, na medida do possível, a subtrair a criança do domínio de um dogmatismo escolar já ultrapassado, torná-la consciente da sua própria força e por conseguinte transformá-la na obreira do seu próprio destino no seio da vasta ação do grupo."[9]

Via dogmatismos instituídos de cima para baixo, o poder dominante transformou o ato de ler e, por conseqüência, o ensino da leitura, em bichos-de-sete-cabeças. As pessoas envolvidas no mundo da educação formal parecem ter se esquecido de que "os alunos são seres concretos, inseridos numa realidade concreta, capazes de tematizar as suas preocupações como indicadores da exploração do saber"[10]. Dessa forma, um primeiro princípio para a construção de uma nova pedagogia da leitura diz respeito ao conhecimento, pelo professor, das circunstâncias de vida dos alunos e à recuperação, como ponto de partida, das suas experiências vividas. Vale a pena dizer que esse princípio não é novo e nem recente, porém, salvo as exceções, não estaríamos errados em afirmar que esse princípio é o mais desprezado por nossas escolas. Ao invés de iniciar o diálogo pedagógico a partir das necessidades e dos problemas concretos dos alunos, utilizando-os para a exploração e partilha do saber através da discussão e de leituras diversas, tendemos, pelas nossas atitudes e pelos nossos procedimentos, a desvincular os referenciais dos textos da vida em família, da cidade, do meio social (rural e/ou urbano).

Um segundo princípio voltado ao delineamento de uma nova pedagogia da leitura diz respeito às orientações de sua prática em sala de aula. Caso queiramos ser fiéis à nossa conceituação de leitura, tomada como um instrumento de conhecimento, questionamento e conscientização, temos de combater a sacralização dos textos e a visão bancária (reprodutivista), que, como vimos no primeiro capítulo deste livro, estão muito presentes nessa área. A grande maioria dos livros didáticos tende a incentivar o culto da letra impressa. Dessa forma, os textos apresentados transformam-se num mundo à parte — algo de divino e sagrado —, estranho às experiências e necessidades dos educandos. O ensino crítico da leitura deve mostrar que os livros nada mais são do que a expressão de pensamentos sujeitos a erros, passíveis de serem aprofundados e questionados. Por outro lado, deve existir uma horizontalidade no trabalho de interpretação dos textos, com a abertura de espaço para a discussão daquilo que foi lido de modo que seja efetivamente construído um circuito de comunicação e partilha em torno desses textos. Há que se pensar, também, na formação de acervos de modo que a biblioteca escolar deixe de ser um elemento inexistente ou passivo no contexto da escola[11] — a biblioteca deve se transformar num ambiente rico em estimulação sociocultural para a leitura, e com significação para professores, alunos e comunidade.

CAPÍTULO 3

**POR MAIS LEITURA:
O DESMANTELAMENTO DA CENSURA NAS ESCOLAS**

"*Um pouco de censura é um corte na liberdade. E como não há meia liberdade, como não existe meia gravidez, é preciso saber o que queremos: se pretendemos ser livres, assumindo a responsabilidade por isto, realizando a única censura cabível a um país de homens responsáveis, que é a censura individual, a escolha, ou se queremos devolver ao Estado a prerrogativa de escolher por nós, com as conseqüências naturais que disto decorrem, inclusive o fim da liberdade de expressão e pensamento, fundamentais para quem queira assumir uma democracia.*"

("Censura e Liberdade" — Editorial da *Folha de Londrina*, 02/09/86, p. 2)

A nossa análise sobre as condições de produção da leitura na escola, por revelar diferentes necessidades e por configurar objetos de conquista aos professores, deve ser estendida aos mecanismos de censura que cerceiam as ações dos alunos e professores. Isto porque o regime autoritário, próprio do ciclo das ditaduras militares, tomou especial cuidado em fincar estacas ideológicas ao redor das escolas, bloqueando o questionamento e impondo — de cima para baixo, via tecnoburocracia — uma série de normas restritivas e limitantes para o encaminhamento do ensino. A leitura, vista aqui como uma parte fundamental do ensino, também sofreu (e ainda sofre) as conseqüências decorrentes das investidas autoritárias da censura.

Não podemos pensar que sobre nós age somente a censura federal, mais explícita e pretensa defensora da moral e dos bons costumes. Pelo contrário, existem outros tipos de censura, que estão enraizados no nosso cotidiano de vida: as relações hierárquicas no âmbito da família têm a censura como base, as formas de colonização e exploração do trabalho são exercidas através da censura, a linguagem que utilizamos pode ser censurada em função de situações específicas, determinados conteúdos educacionais podem ser censurados e preteridos, dando lugar a outros "mais convenientes", etc...

Depois de tanto tempo de autoritarismo e totalitarismo, respirando o faça/não faça, o pode/não pode, o de-acordo-com-as-normas/em-desacordo-com-as-normas, o proibido/permitido, o vale/não vale e o certo/errado, estabelecidos arbitrariamente pelo regime opressor, passamos, consciente ou inconscientemente, a exercer o poder e o controle da censura sobre nós mesmos e/ou sobre as outras pessoas. Como professores e considerando a destinação de nossa ação pedagógica, reproduzimos o poder da censura e, por isso mesmo, restringimos a liberdade dos nossos alunos. E mais: por não refletirmos mais contundentemente sobre as conseqüências da censura (explícita ou implícita), ainda reclamamos da falta de iniciativa, autonomia e criatividade dos educandos...

De onde vem a censura? A quem realmente interessa a censura? Estas duas questões nos remetem à estrutura da sociedade brasileira e às relações inerentes ao seu processo produtivo. Isto porque "(...) a censura funciona como aparelho repressivo de Estado quando se apresenta sob a força repressiva: quando a polícia apreende, quando a administração veta, quando o Conselho Superior de Censura estabelece leis e normas a seguir, fazendo com que livros, filmes, peças teatrais desapareçam de circulação. A censura funciona como aparelho ideológico de Estado, quando age pela ideologia de modo prevalente (...) É quando a família reprime o uso de 'palavrões', quando o professor ensina *a* 'verdade', a cultura de massas (televisão, rádio, revistas) indica padrões 'verdadeiros' a seguir e 'falsos' a condenar, de acordo com o consenso emergente da ideologia dominante"[1].

Numa sociedade de classes como a nossa, a classe que está no poder (e que é senhora das relações econômicas de produção) procura, através de diferentes meios e procedimentos, cegar as pessoas de modo a reproduzir o regime de privilégios ao longo da história. Por outro lado, essa classe (dominante, opressora ou exploradora) procura estabelecer normas de comportamento para toda a sociedade, enquadrando os homens na sua visão de mundo. Podemos perceber, então, que as proibições, punições e interdições sociais — aspectos do fenômeno "censura" — são mecanismos arbitrários, acionados *mais* ou *menos* freqüentemente pelo Estado e seus aparelhos com o intuito de reproduzir as estruturas sociais ao longo do tempo. Alguns exemplos concretos podem clarificar estas colocações.

    Durante o ciclo das ditaduras militares, a censura federal impedia que determinados textos, principalmente os que discutiam e denunciavam os desmandos do poder, fossem veiculados pela imprensa. No lugar desses textos eram colocados poemas ou piadas (caricaturas) a fim de preencher as lacunas nas páginas dos jornais. A própria telenovela *Roque Santeiro*, de Dias Gomes, por criticar o coronelismo e as falcatruas das prefeituras municipais, não pôde ser exibida na televisão logo depois que foi escrita e teve de aguardar o momento da "abertura" para ser levada à população. Mais recentemente, já dentro de uma fase pretensamente democrática, o filme *Je Vous Salue Marie*, de Jean-Luc Godard, foi censurado porque feria a tradição milenar da igreja católica.

    Ao longo da história do nosso país, desde a época colonial[2], o poder da tesoura agiu quase que ininterruptamente, fazendo arrepiar os cabelos de qualquer observador mais perspicaz. Assim, podemos imaginar as imensas restrições que sofremos, principalmente no que tange ao acesso, para efeito de conhecimento, a trabalhos contestadores e reveladores. Nas palavras do teatrólogo Plínio Marcos, "a censura impede as artes brasileiras de discutirem a realidade nacional. Essa realidade nacional, deixando de ser discutida, não consegue responder às necessidades do povo e, portanto, ela não pode ter vida própria e acaba caindo nas mãos do paternalismo do governo (...)"[3].

Além da censura explícita, geralmente justificada por aquilo que é bom e conveniente para a classe dominante, existe uma outra interdição que, devido ao seu mascaramento[4], não é muito discutida. Trata-se da *censura econômica*. Ainda que todos os tipos de censura (moral, comportamental, etc...) sejam maléficos e detrimentais, para não dizer idiotas e inócuos, a censura econômica é a que mais limita a ação das pessoas. E os professores brasileiros, em função dos salários que percebem, conhecem muito bem essas limitações...

Para estabelecer mais claramente as possíveis relações entre os mecanismos de censura e o processo de leitura, transcrevemos aqui algumas idéias de Virginia Woolf, inscritas num artigo chamado "Como se deve ler um livro?". Ela diz o seguinte: "Em verdade, o único conselho sobre leitura que uma pessoa pode dar a outra é não seguir conselhos, mas basear-se nos seus próprios instintos, usar a sua própria inteligência, tirar as suas próprias conclusões. Se estivermos de acordo sobre esse ponto, então sinto-me à vontade para colocar algumas idéias e sugestões na medida em que você não permitirá que elas bloqueiem aquela *independência* que é a qualidade mais importante de qualquer leitor. Afinal, que leis podem ser aplicadas aos livros? A batalha de Waterloo foi vencida numa data bem específica; mas a peça teatral *Hamlet* é melhor do que *Rei Lear*? Ninguém pode dizer. Cada um precisa decidir essa questão por si mesmo. *Admitir autoridades* (não importa a sua importância) em nossas bibliotecas e permitir que elas nos ditem como ler, o que ler, que valor atribuir a leitura, *é destruir o espírito de liberdade*, que constitui a atmosfera daqueles santuários. Em outras áreas podemos obedecer a leis e convenções; em leitura não existe nada disso."[5] (grifos nossos)

Fazendo um contraponto dessas idéias com o que ocorre nas escolas brasileiras, veremos que, devido aos artificialismos e dogmatismos ali existentes, a leitura se coloca como uma verdadeira camisa-de-força. Esses artificialismos e dogmatismos são diretamente proporcionais às censuras que existem no contexto da escola, nos materiais didáticos e/ou no comportamento dos professores. De fato e infelizmente, às *escolas* foram impostas — através de leis, decretos e portarias — muitas regras de "como proceder" ao mesmo tempo em que diminuíram suas condições materiais de funcionamento e as suas possibilidades de relacionamento com os reais problemas da comunidade circundante. Os *livros didáticos*, por terem de se adequar às "recomendações oficiais", deixaram de expressar a realidade[6], seguindo os ditames e os rumos do consumismo barato[7]. Os *professores*, por sua vez, viram censurados os seus direitos e as suas iniciativas, principalmente através da restrição econômica.

Cabe aqui a seguinte colocação de Celestin Freinet: "A Escola não tem de ir buscar à vida a sua justificação: fazendo-o, reafirma o seu defeito de nascença, que consiste em impedir que a criança viva e se desenvolva no seu seio. *Ela (a escola) deve aceitar as crianças tal qual são, basear-se nas suas necessidades, nos seus verdadeiros interesses — mesmo que estes estejam por vezes em contradição com os hábitos sociais ou com as idéias dos educadores —*, colocar à sua disposição técnicas apropriadas e os utensílios adaptados a essas técnicas a fim de deixar que a *vida* se amplie, se desenvolva, se precise e se aprofunde livremente, ao máximo, dentro de toda a sua originalidade."[8] (grifos nossos)

Será que nós incorporamos as reais necessidades e os interesses vivos das crianças no ensino que nos propomos executar? Será que abrimos espaço para que as crianças participem do processo ensino-aprendizagem ou será que censuramos as suas iniciativas de participação? Em relação à leitura, será que permitimos a seleção de livros de acordo com os autênticos interesses das crianças bem como a livre expressão sobre os livros que lêem ou que desejariam ler? Ou séra que nos apegamos exagerada e inocentemente aos manuais e/ou às seqüências, geralmente banais e mal formuladas, dos livros didáticos? Ou será que censuramos, de maneira autoritária e até demagógica, tudo aquilo que não está previsto no rígido programa do currículo escolar?

Se levarmos em conta aquilo que a sociedade diz e sente a respeito do ensino público brasileiro e, mais especificamente, do desgosto e da aversão pela leitura, incorporados pelos alunos ao longo da trajetória escolar, veremos que é urgente uma revisão de nossas posturas e dos métodos que utilizamos para a orientação e formação de leitores. Marisa Lajolo, em excelente reflexão sobre o ensino da leitura nas escolas brasileiras[9], nos esclarece que esse ensino tem sido pretexto para a inculcação de regras gramaticais, de valores patrioteiros e de dogmas comportamentais, para a memorização mecânica de listas de vocabulário e de informações convergentes, contidas nos textos e obtidas segundo perguntas fechadas de questionários duvidosos, etc... De maneira mais simplificada, o esquema rotineiro para o encaminhamento da leitura na escola pode ser assim descrito:

(a) abrir o livro didático na página tal e ler o texto ali colocado;

(b) responder, por escrito, as perguntas do questionário subseqüente;
(c) fazer os exercícios gramaticais; e
(d) escrever uma redação a partir do texto para a leitura e correção do professor.

Na área de fruição da literatura, estão presentes as listas de livros recomendados, segundo critérios de *idade, série* e/ou *sexo*, que nunca são muito bem explicados pelos seus autores. Vale dizer que a obediência cega a listas pré-determinadas, além de não levar em conta as necessidades e os interesses dos alunos, já é, em si mesma, uma forma de censura, pois restringe a liberdade de escolha e não permite a livre incursão de cada criança no campo literário. Algumas das justificativas encontradas para essas listas são as mais banais e banalizantes possíveis: despreparo psicológico da criança para decidir e apreciar (ideologia que vê a criança como um "ser inferior"), ofensa à moral (moral burguesa, é lógico!), crítica aos bons costumes (e há sempre alguma autoridade estranha à escola, fechada em seu gabinete, a definir o que é bom para as crianças do povo), etc...

Entre as conseqüências da aplicação de mecanismos de censura em qualquer contexto se colocam o medo, o temor e a apatia[10]. De fato, se analisarmos criticamente os efeitos da censura, veremos que eles restringem e/ou inibem as ações das pessoas, embotando a originalidade, a criatividade e a autonomia para a solução de problemas. Um breve relato de nossa experiência pessoal servirá para elucidar a dimensão desse problema.

    Participando do 1º Seminário Anual de Leitura da Região Nordeste (Teresina, setembro-1986), na qualidade de coordenador de um grupo de estudo, abrimos um espaço para que os professores falassem a respeito de seus problemas e experiências na área da leitura. Qual o nosso espanto diante do mutismo de todos... Paramos a sessão e perguntamos o porquê de tamanho silêncio. Nossa reflexão fez ver que os próprios professores tinham medo de falar em público, em decorrência de todo um processo de formação escolar, que censurava a livre expressão de suas idéias e experiências de vida. Verificamos, nessa ocasião, que os nossos colegas de 1º e 2º graus tinham medo de se expressar e se colocavam apaticamente num encontro que pedia a sua palavra, a sua participação. Verificamos, também, que a nossa presença, na qualidade de coordenador do grupo, lhes causava um certo constrangimento: pensavam que iríamos nos colocar como um censor de suas falas! Foi bastante difícil superar esse problema, mas valeu a pena discutir as razões desse tipo de comportamento — isto porque muitas vezes nós não percebemos os nossos próprios mecanismos de autocensura, decorrentes de outras censuras que recebemos no lar, na escola e no trabalho.

Não pensem os professores que a chamada "abertura democrática" eliminou de vez as artérias censórias da sociedade. Pelo contrário, o espírito da censura continua pairando dentro de nossas instituições, incluindo, logicamente, a escola. O esfacelamento dos valores humanos levou a sociedade brasileira a tal hipocrisia que todos nós vivemos combatendo a censura, mas, paradoxalmente, exercemos a censura a todo momento, estreitando ou reprimindo a liberdade daqueles com quem convivemos.

Uma escola popular e libertária, a que todos almejamos e que só não é popular e libertária neste momento devido — principalmente — às censuras impostas de cima para baixo, precisa banir as idiotias e os mecanismos paralisantes da consciência e das iniciativas humanas. Quem sabe se, recuperando os métodos até agora censurados, não conseguiremos dar mais dignidade ao ensino... Quem sabe se, trazendo para a sala de aula os textos até agora censurados, não conseguiremos tornar o trabalho docente mais produtivo... Quem sabe se, propondo os conteúdos que foram e são censurados pelos autores dos programas e manuais escolares, não conseguiremos fazer com que a educação atenda às reais necessidades das crianças... Quem sabe se, restaurando os propósitos primeiros do ato de educar, não conseguiremos dar mais vitalidade e coerência às nossas ações pedagógicas e políticas... Quem sabe se, deixando de agir como "pequenas autoridades" (reprodutores inocentes da moral capitalista), os professores não irão libertar-se da parafernália autoritária, que, há muito tempo, vem lhes fazendo a cabeça...

Os professores brasileiros já tiveram que "dormir no ponto" durante muito tempo; é chegada a hora de acordar e de contestar a impostura, a arrogância e o poder das instituições autoritárias que não se renovam historicamente e que, infelizmente, ainda têm as suas antenas voltadas para o passado, reproduzindo a ignorância e a alienação.

CAPÍTULO 4

POR MELHOR LEITURA: O COMBATE À REDUNDÂNCIA E À SUPERFICIALIDADE TEÓRICA

"*Pois, produziu efeito. Sumiram-se os pontos de reticências, o tempo secou o assunto.*"

(João Guimarães Rosa, "Desenredo", in *Tutaméia*, p. 40)

De nossos encontros com professores brasileiros, brota um conjunto de perguntas decorrentes sobre o processo de leitura que indica uma forte presença de estereótipos ou idéias cristalizadas nessa área. Tais estereótipos parecem originar-se de afirmações apressadas, contidas em vários manuais didáticos (facilmente "engolidas" pelos professores) e/ou de informações vendidas na sociedade de consumo, não possuindo, por isso mesmo, bases objetivas de explicação.

Como o senso comum deve ser recuperado, tematizado e explicado pelo bom senso, achamos conveniente transcrever os referentes dessas perguntas neste capítulo, tentar respondê-las com o conhecimento ao nosso alcance e, dessa forma, mostrar aos professores que existem outras questões teóricas, fora do circuito das redundâncias, muito mais importantes e pertinentes. Nas palavras do canadense Frank Smith: "Os professores não fazem o tipo certo de pergunta — ao invés de perguntar o que devem *fazer*, pois isso não pode ser respondido com a generalidade esperada, eles deveriam perguntar o que deveriam *saber* a fim de decidir por si mesmos."[1]

Tendência de se pensar que o leitor já nasce feito

Todo ser humano normal possui um potencial biopsíquico para atribuir significados às coisas e aos diferentes códigos (verbais e não verbais) que servem para expressar ou simbolizar o mundo. Esse potencial é desenvolvido no seio do grupo social através de práticas coletivas específicas e dentro de condições concretas que estabelecem a sua possibilidade.

Nestes termos, erra quem pensa que a leitura é uma questão de dom, herança genética ou "passe de mágica". Assim o fosse, seria possível pré-determinar os "iluminados da palavra" no sentido de enviá-los à escola — um absurdo lombrosiano[2] e uma reprodução maluca da ideologia fascista da predestinação!

A leitura é, fundamentalmente, uma *prática social*. Enquanto tal, não pode prescindir de situações vividas socialmente, no contexto da família, da escola, do trabalho, etc... Todos os seres humanos podem se transformar em leitores da palavra e dos outros códigos que expressam a cultura, mesmo porque carregam consigo o referido potencial biopsíquico (aparato sensorial + consciência que tende à compreensão dos fenômenos).

O analfabeto (o não leitor da palavra escrita), devido às injustiças presentes na sociedade e à não democratização do fator educacional, é como que forçado a permanecer no mundo da oralidade. Assim, dizer que uma pessoa não lê por falta de vontade, de dom e/ou mesmo por preguiça mental é perder de vista a estrutura da sociedade na qual todos nós estamos inseridos.

É de se perguntar aqui: será que os *professores* também já nascem feitos?

Métodos de alfabetização e a formação do leitor

Por meio do processo de transferência de responsabilidades do nosso sistema educacional, os professores tendem a colocar as causas da chamada "crise da leitura" na esfera dos métodos de alfabetização: os alunos não lêem porque foram mal alfabetizados quando de sua iniciação na vida acadêmica. Cria-se, assim, uma verdadeira arena de discussão e polêmica em torno do assunto, com os adeptos das diferentes abordagens digladiando-se até as últimas conseqüências e fundamentando as suas posições em argumentos não muito convincentes.

Alfabético, silábico, fonético, fônico, global, sintético, analítico, Paulo Freire e variantes (?), da história, etc... são rótulos de métodos que "correm" nos cursos de formação de professores, todos eles apresentando um conjunto de vantagens e de desvantagens na hora de sua aplicação junto aos albabetizandos. As bases psicolingüísticas de cada um desses métodos, bem como as pesquisas existentes, no que se refere a sua aplicação junto a grupos específicos, são tratadas por alto, gerando a falsa crença de que uma abordagem metodológica pode ser melhor do que as outras.

A maior pesquisa comparativa já realizada entre os diferentes métodos de alfabetização e os seus efeitos na formação do leitor[3] veio mostrar o seguinte: não é o método em si, mas sim o *professor e o uso que ele faz do método*, o elemento mais importante para o encaminhamento do processo de alfabetização e de leitura na escola. Em outras palavras, com um bom professor-alfabetizador (competente, bem preparado — lingüística e pedagogicamente — e atuando dentro de condições escolares propícias) são bem maiores as probabilidades de uma boa formação do leitor.

Dessa forma, a questão é saber se existem bons alfabetizadores atuando na rede brasileira de ensino. Para a área de alfabetização, a experiência nos tem demonstrado o seguinte:

- *as aulas de alfabetização, por exigirem grande esforço e dedicação dos professores, são geralmente atribuídas aos professores (normalistas, em maioria) recém-formados, sem muita prática e embasamento para um trabalho concreto junto às crianças;*
- *a parte mecânica do ler-escrever, geralmente encaminhada através de exercícios estruturais, é transformada num fim em si mesmo — o aluno decodifica os sinais, recitando-os ou lendo-os em voz alta, mas não atinge os referentes dos textos e as suas implicações[4];*
- *infelizmente, ainda se constata, em nossas escolas, a concepção de que o "aluno alfabetizado é o aluno leitor". Ora, essa concepção é reducionista, pois à alfabetização devem advir momentos incessantes de pós-alfabetização, compartilhados por todos os professores das diferentes áreas do conhecimento, sem o que não há como formar o leitor crítico e maduro.*

Leitura como uma atividade que depende do berço da criança

São muitos os professores que, de maneira *fatalista*, reclamam e impõem a necessidade de "bons exemplos familiares" para o processo de formação dos leitores. Na ausência desses exemplos, pouco ou nada se pode fazer; se os pais não forem leitores, se não houver livros na casa do aluno, então...

Em trabalho anterior, afirmamos que "(...) o processo de formação do leitor está vinculado, num primeiro momento, às características físicas (dimensões materiais) e sociais (interações humanas) do contexto familiar, isto é, presença de livros, de leitores e situações de leitura, que configura um quadro específico de estimulação sociocultural"[5]. Entretanto, considerando que os lares brasileiros não são materialmente semelhantes e, portanto, que as crianças não têm as mesmas oportunidades de educação familiar, não podemos, como educadores, repassar às famílias uma função que elas não têm condições concretas de exercer.

Ocorre que as nossas escolas tendem a desprezar essas diferenças, simulando uma certa igualdade de condições familiares e de experiências prévias com materiais escritos. Por outro lado, a leitura (do livro, da lição, etc...) é deixada, na maioria das vezes, como "tarefa de casa", sem que exista uma análise preliminar para verificar se a criança tem condições de produzir leitura fora da sala de aula ou dos limites da escola. E mais: as leituras sugeridas pelos professores são, quase sempre, típicas de uma classe social, afastando as crianças (das classes populares) dos referenciais dos textos propostos.

A compreensão crítica das diferenças socioeconômicas e culturais entre as famílias de onde se originam as crianças deve enriquecer o planejamento do ensino e não, como usualmente ocorre, ser tomada como uma dificuldade intransponível. Deve, ainda, servir como orientação básica ao estabelecimento de propósitos para a ação pedagógica, que, no fundo e em essência, é sempre política. Do contrário, a continuar essa noção distorcida de que a leitura depende exclusivamente do berço, à escola caberá atender exclusivamente as crianças de lares abastados.

Os pobres, que constituem a maioria de nossa população, não têm direito de ler?

Hábito de leitura confinado ao período da infância

Uma das recomendações da UNESCO, voltada à formação de hábitos de leitura, foi tomada *ao pé da letra* por alguns estudiosos brasileiros e *pessimamente* disseminada junto aos nossos professores e bibliotecários, sofrendo um processo de radicalização interpretativa.

Essa *recomendação* insiste que os países, através de políticas e ações, incentivem o hábito de leitura no período da infância, sob o risco de, passada essa fase, tornar o processo irreversível, ou seja, não mais se conseguir o desenvolvimento de hábitos de leitura junto à população de adolescentes e adultos. Da forma como foi colocada e interpretada em nosso contexto, essa recomendação virou *determinação* ou até mesmo *predestinação* (eis aí o determinismo agindo novamente): ou se adquire o hábito de leitura quando criança ou fica decretada a morte do leitor!

Imagine se Paulo Freire, que faz todo um trabalho de alfabetização e formação do leitor *adulto*, se apegasse a tal princípio "furado"...

Convém citar aqui um trecho escrito por Alberto Merani: "(...) como indivíduos, ou seja, na edificação da pessoa, a *natureza humana não existe como algo de definitivo, estável e perene, mas é uma história.* A natureza do homem é feita pela sua luta com o ambiente, as sociedades que constitui, o trabalho que desenvolve; em suma, é produto da educação entendida como todos os meios de ação permanente que *durante a vida dos indivíduos, ou parte dela,* estruturam ou modificam a pessoa."[6] (grifos nossos).

Tal afirmação mostra que o leitor pode ser formado em qualquer período de sua existência, desde que exista trabalho, gerador de história, nesse sentido. Se for no período da infância, melhor, mas isso não significa que, vencido esse período, o adolescente, o adulto *ou* o idoso não possa vir a se interessar e sentir paixão pela leitura. E isto pode ser comprovado através de experiências com serviços de extensão em biblioteconomia (vide, por exemplo, as experiências com *carros-biblioteca*, organizados pelas Universidades Federais de Santa Catarina e de Minas Gerais): os idosos são aqueles que mais retiram e "curtem" os livros oferecidos pelos acervos descentralizados.

Textos que falem da experiência imediata da criança

Devido a uma interpretação muito estreita do método Paulo Freire, que propõe (para o processo de alfabetização) o uso de palavras geradoras pertencentes ao universo vocabular dos educandos, surgiu, nas escolas, uma preocupação a respeito dos textos que deveriam ser apresentados para efeito de leitura nas diferentes séries.

A idéia era a de que os textos deveriam ser escritos com termos conhecidos e remeter os leitores a referenciais de sua experiência existencial imediata, de modo que a decodificação e a compreensão pudessem fluir com facilidade.

Ora, se levada às últimas conseqüências, essa idéia pode prender o leitor em quatro paredes, fazendo-o permanecer no mundo de sua proximidade e não possibilitando o alargamento de suas experiências através da leitura e conhecimento de outros contextos. Falando deste mesmo assunto,

Leonor Scliar Cabral nos lembra do seguinte: "O princípio de que a criança normal é capaz de inferir significações novas contextualmente deve nortear a confecção dos textos, na base de que a informação sempre se desenvolve entre dois pólos: o velho e o novo. Insistir em que o discurso em sala de aula deva ser ministrado apenas na variedade praticada pela criança significa confiná-la a *ghettos* e contribuir para um isolamento social. Sem menosprezar a variedade que a criança traz, a escola pode valorizá-la ao mesmo tempo em que habitua a criança a pelo menos entender outras variedades e registros que possa compartilhar de outros ambientes."[7]

Em certo sentido, a leitura de textos se coloca como uma "janela para o mundo". Por isso mesmo, é importante que essa janela fique sempre aberta, possibilitando desafios cada vez maiores para a compreensão e decisões do leitor.

A televisão e a morte da leitura

Comum, senão corriqueira, é a reclamação de que as crianças não lêem devido à forte influência da televisão — esta se transforma num todo-poderoso instrumento que aos poucos aniquila a vontade de ler textos escritos. A presença desse tubo eletrônico ocupa todo o tempo da criança, não lhe permitindo a busca de livros... No futuro as linguagens audiovisuais substituirão a linguagem escrita... A escola é o último reduto do aprender a ler e escrever: não podemos nos deixar influenciar pela linguagem mundana da TV... — estas são algumas das afirmações e previsões que correm por aí.

Marques de Melo, num excelente trabalho em que discute a relação entre o hábito de leitura e os meios de comunicação de massa, afirma que "(...) a literatura internacional sobre comunicação é rica em evidências que põem por terra a tese de que os Meios de Comunicação de Massa matam ou sufocam a leitura"[8]. Paulo Freire, num diálogo tematizando a mesma questão, diz que "(...) a linguagem audiovisual teria que ser um acrescentamento à outra, e não uma substituição. Pelo menos no momento, eu não antevejo, não me vejo num mundo em que a palavra escrita desapareça. Depois de milênios sem a palavra escrita, foi a própria conquista da palavra escrita que deflagrou todo esse processo, toda essa evolução. E eu não vejo como agora ela desapareceria, por causa de uma nova linguagem. O que eu acho é que não é possível se resistir à nova linguagem. Aliás, eu não as vejo antagônicas, mas conciliáveis, constantemente"[9].

Tais colocações mostram que a futurologia ficou só na futurologia (a escrita ainda se constitui num importante instrumento de comunicação) e que as novas linguagens, utilizadas nos veículos audiovisuais, são inevitáveis e irreversíveis. De fato, hoje, em nossa sociedade, existe um processo de concorrência de linguagem (verbais e não verbais), servindo a propósitos diversos.

O problema é que as novas linguagens, os novos veículos de comunicação e as novas tecnologias não foram ainda colocadas a serviço da escola, como instrumentos que podem ajudar na busca, produção e transformação do conhecimento. No que tange à leitura, as condições materiais da grande maioria das escolas permitem, quando muito e ainda com dificuldade, o acesso a textos escritos, mas não incorporam o uso de instrumentos mais avançados, encontrados no dia-a-dia da maioria das pessoas. Com isso, os educandos se vêem situados em duas realidades dicotomizadas ao ultrapassar os portões da escola — uma, a social mais abrangente, que eles deixam atrás de si e onde existem vários tipos de veículos (TV, rádio, quadrinhos, etc...) com as suas respectivas linguagens; outra, a educacional, onde a transmissão do conhecimento se faz exclusivamente através do livro, da apostila, do quadro-negro e/ou da voz do professor, com preponderância da linguagem verbal (oral e/ou escrita).

Note-se que "assistir televisão" também implica um certo tipo de leitura. Reduzir o processo de leitura somente ao verbal-escrito é perder de vista a realidade em que todos nós estamos inseridos. O veículo "TV" não é ruim em si mesmo[10], mas sim o uso político que se faz dele. Por outro lado, se a maioria dos programas televisivos serve mais a propósitos de alienação, massificação e docilização das pessoas, a escola não pode ficar à margem dessas manobras e deve discutir criticamente esse assunto com os educandos. E com um pouco de imaginação criadora por parte dos professores é possível fazer isso, principalmente quando e se os chamados "programas oficiais" não forem abordados de forma radical.

As famigeradas fichas de leitura

A ficha de leitura — um recurso que poderia ser significativo e viável para educação dos leitores — passou por um verdadeiro ritual amaldiçoador nos meios escolares. As críticas colocadas por vários estudiosos não foram infundadas: as fichas, como um recurso de ensino, haviam se transformado numa coisa mecânica, desinteressante aos alunos, porque padronizada e servindo unicamente a finalidades de controle e avaliação.

A padronização das fichas de leitura geralmente ocorre no âmbito das próprias editoras. Depois de confeccionadas — sempre dentro de um mesmo parâmetro para reduzir o custo de impressão —, as fichas acompanham os livros enviados ao professor, com o objetivo de "facilitar-lhe o trabalho". No fundo, essa facilitação é mais um elemento da estratégia de marketing das editoras junto às escolas: livro adotado é lucro certo...

Geralmente destinadas à leitura de livros de literatura, as fichas apresentam, com pequenas variações, o seguinte esquema de itens a preencher: dados de identificação do leitor, título da obra, nome do autor, descrição das personagens (principal e secundárias), lugar onde se passa a ação, enredo e, às vezes, de quebra, uma breve apreciação pessoal. Redundante e enfadonhamente utilizada na área de literatura, ao longo da trajetória acadêmica dos leitores, esse mecanismo acaba por fixar a idéia de que *fruir o texto literário é elaborar a ficha encomendada pelo professor*. Um terrível desajuste de percepção e abordagem, sem dúvida nenhuma!

As técnicas de fichamento não são ruins em si mesmas; pelo contrário, elas podem, se bem utilizadas, contribuir no processo de re-criação e crítica dos textos (literários ou não) e, dessa forma, aprimorar as habilidades e os conhecimentos do leitor. Por quê? Os registros *pessoais* dos textos lidos, elaborados sob a forma de esquemas, fichamentos, resenhas, etc..., são necessários à disciplina e ao rigor do estudo, permitindo o arquivamento e a recuperação de idéias por parte dos leitores. Como?

Combatendo os procedimentos padronizados de sua produção e abrindo espaço em sala de aula para que esses registros sejam partilhados entre os educandos (isto vai exigir que o professor deixe de ser o destinatário único dos textos que são produzidos a partir de leituras diversas).

Uma panacéia: a leitura dinâmica

O crescimento, no mercado, da quantidade de informações escritas gerou, como contrapartida, a oferta de cursos milagrosos em que o leitor aprenderia a ler milhares de palavras por minuto. Com base no chavão capitalista "tempo é dinheiro", e fundamentada nas leis da eficácia/eficiência/produtividade, essa oferta cresceu razoavelmente em nosso país, produzindo os seus efeitos junto àqueles mais suscetíveis aos mecanismos da propaganda.

A leitura dinâmica está diretamente relacionada com a questão da velocidade do leitor na compreensão ou inteligência de textos impressos. Essa velocidade não pode ser uniformizada ou generalizada indiscriminadamente, na medida em que depende de três fatores básicos, a saber, da experiência prévia do leitor, do propósito estabelecido para a leitura e da dificuldade ou inteligibilidade do texto em questão.

A experiência prévia do leitor — as suas vivências de mundo, a sua história de leituras já efetuadas, a sua estrutura de conhecimentos, o seu repertório verbal, etc... — vai permitir, sem dúvida, maior fluência no confronto com diferentes tipos de texto. Caricaturando um pouco este fator, vale a pena lembrar a famosa frase de Oswald de Andrade — "Não li e não gostei!" Explicando: determinados textos ou autores eram tão redundantes à experiência de Oswald que ele nem precisava ler esses textos para emitir uma apreciação...

O propósito que o leitor estabelece para a interlocução com o texto também interfere na velocidade da sua abordagem. Lê rapidamente um jornal para saber das novidades do dia? Dá uma passada de olhos sobre o índice de uma revista a fim de verificar se existe algo que interessa? Pega uma revista em quadrinhos do filho a fim de se distrair um pouco? Degusta um dos dois capítulos do romance de cabeceira com o intuito de chamar o sono? Desfia pausadamente um texto teórico, com o objetivo de estudar e apropriar-se de determinadas idéias? Relê diversas vezes um mesmo poema para atribuir-lhe significações possíveis? A partir de uma indagação gerada por um texto literário, dedica e gasta mais tempo na busca de referências históricas? Lê o mais lentamente possível um determinado autor, fruindo gostosamente as suas colocações?

Ainda: em que pese a experiência do leitor e o seu propósito de leitura, existem certos textos cuja compreensão não se dá fácil e rapidamente, exigindo, por isso mesmo, uma dose extra de instrumentalização e reflexão por parte do leitor. E isso certamente influi na velocidade da compreensão.

Os aspectos aqui discutidos apontam para o fato de que a chamada "leitura dinâmica" tem de ser analisada com muito cuidado e não pode ser tomada como uma panacéia para o encaminhamento da leitura (escolar ou não). A menos que se queira incentivar a "leitura bancária", voltada para a decodificação mecânica de grande número de páginas e não para a compreensão dos textos e seus respectivos contextos[11]

Pegue um romance água-com-açúcar e, por exemplo, um Guimarães Rosa, e tente ler na mesma velocidade. Não se surpreenda com os resultados...

Questionários de compreensão e interpretação

Devido ao tratamento que recebem em grande parte de livros didáticos, *compreensão* e *interpretação* transformam-se em conceitos sem pé nem cabeça. Em verdade, os atos de compreender e interpretar, extremamente complexos em sua natureza, são distorcidos e até banalizados por aquilo que os livros didáticos chamam de "exercícios de leitura" ou de "estudo do texto". Assim, interpretação passa a significar o conjunto de respostas do leitor a um questionário colocado no livro e compreensão, a reprodução exata de um significado préfixado para o texto. Quem conseguir responder às perguntas do questionário e quem conseguir acertar a resposta pretendida (pelo professor ou pelo livro), então interpretou e compreendeu o texto — tudo muito simples, tudo muito rápido, principalmente se o trabalho for realizado para efeito de correção e nota...

Um trecho contido numa reflexão de Moacir Gadotti nos ajudará a elucidar esses dois movimentos da consciência. Ele diz o seguinte: "(...) compreender um texto não é captar a intenção do autor, nem tampouco restaurar o sentido que o autor lhe outorgou. O sentido de um texto é a possibilidade que ele oferece ao leitor de superar-se. É o momento propriamente pedagógico de uma leitura. Não reside no mundo que ele *esconde atrás* das palavras e da linguagem (o mundo do conhecimento), mas no mundo que ele *abre diante* dele, o mundo da decisão"[12].

A compreensão deve ser entendida como um modo de ser do homem no mundo, como um *projeto* de existência. Ou seja: o homem encontra significados para o seu existir à medida que se projeta no mundo, buscando a compreensão de si, dos outros, das coisas. Ao estabelecer um horizonte de compreensão, iniciando um trajeto de busca, o homem tem (necessariamente) de iniciar um *processo* de interpretação, à luz de suas experiências prévias de mundo.

Para esclarecer mais ainda esses movimentos na área da leitura, pensemos num violinista em fase de preparação para um concerto. Ele tem diante de si uma pauta musical a ser compreendida e interpretada. Para compreendê-la, o solista necessita de conhecimentos a respeito do código musical (símbolos, valores, divisão, etc...) e de um *projeto*: o porquê de tocar essa peça e não outra, o contexto histórico em que foi produzida, o desafio que ela impõe a ele (o solista), os efeitos que a melodia pode gerar na platéia, a importância dessa peça para ele e para o presente momento histórico, a posição dessa peça no conjunto ou seqüência global do concerto, etc... Esse projeto de superação ou desafio, uma vez estabelecido, encaminha o processo de interpretação, que é sempre pessoal, carregado de sensibilidade e expressividade, conforme as habilidades práticas do violinista e do estudo que ele faz da peça em questão.

Compreensão é projeto, é propósito, é um modo de existir no mundo. *Interpretação é processo*, é trabalho de se descontextualizar e recontextualizar um objeto com o intuito de apreendê-lo e compreendê-lo.

Na área do ensino da leitura, o maior problema está em que o professor, geralmente seguindo um livro didático, não permite que o projeto de compreensão dos textos seja democraticamente compartilhado com o grupo de educandos. Por outro lado, a chave da interpretação dos textos é préfixada num roteiro de leitura, gerando convergência no processo de reprodução de um mesmo significado (o pretendido pelo professor ou pelo livro didático).

CAPÍTULO 5

LEITURA NO ENSINO DA LÍNGUA PORTUGUESA

"Uma história não é mais que um grão de trigo. É ao ouvinte, ao leitor que compete fazê-lo germinar. Se não germina, é questão de falta de ar, de sol, de liberdade, de solidão."

Michel Déon*

O ensino da língua portuguesa, como realizado pelas escolas, foi e vem sendo objeto de muitas críticas, constituindo-se num grave problema para a educação brasileira. Esquematicamente, essas críticas podem ser assim categorizadas e resumidas:

---

* In "O livro, o leitor, a leitura", *Boletim Cultural*. Lisboa, Fundação Calouste Gulbenkian. VI Série, n.º 60, março/1966, p. 34.

Artificialismo: *leva os professores a abordarem a língua como um objeto fixo de dissecação gramatical e/ou como um instrumento de ascensão social. Nestes termos, a língua deixa de ser um processo, uma prática social de comunicação (servindo a propósitos de conhecimento e organização do real) para se transformar em produto ou modelo acabado. Nas palavras de Gerali: "Comprovar artificialmente é mais simples do que se imagina: na escola não se escrevem textos, produzem-se redações. E isto nada mais é do que simulação da língua escrita. Na escola não se lêem textos, fazem-se exercícios de interpretação e análise de textos. E isto nada mais é do que simular leituras. Por fim, na escola não se faz análise lingüística, aplicam-se a dados análises preexistentes. E isto é simular a prática científica da análise lingüística."[1] Como conseqüência, esse tipo de abordagem, postiça e problemática, impõe um ensino baseado no normativismo, ao nível estrutural da língua, e na memorização, ao nível dos referentes da língua. Com o professor preso a essa* *canga gramatical, resulta, ainda, o imobilismo e o servilismo lingüístico, geradores de dependência e falta de iniciativa. Nunca é demais lembrar que o normativismo gramatical reproduz, de certa forma, o normativismo que é próprio das sociedades autoritárias.*

Discriminação: *indica o desrespeito dos professores às variedades dialetais trazidas pelos alunos, o que coloca a norma padrão da língua, tida como "superior" e própria de uma classe social, como a única possível e aceitável para o encaminhamento do ensino e da comunicação em sala de aula. As experiências das classes populares e, conseqüentemente, as suas expressões lingüísticas são desqualificadas ou tachadas de deficientes por parte dos professores: "(...) o menino que vem da zona do mocambo, da favela, tem uma linguagem que cresce noutra direção. Esse menino tem uma linguagem concreta, como a sua vida é concreta. Ele aprende com seu pai, com sua mãe, com os vizinhos, com seus amigos de rua, a descrever o mundo, a descrever o real, a descrever a ausência* *das coisas, que é, afinal, falar do concreto. A sua linguagem é o concreto e tem mesmo uma concretude enorme. Mas a escola usa, como critério de avaliação, o domínio da linguagem abstrata, e não o da linguagem concreta."*[2] Os mecanismos de discriminação afetam principalmente a parte psicológica das crianças menos favorecidas socialmente, gerando o medo, a insegurança e/ou a obediência cega a padrões pré-determinados.

Opressão: *estabelece uma relação entre os esquemas comumente utilizados para o ensino da língua e a ideologia domesticadora, vigente no contexto brasileiro. Dicas, fórmulas prontas, receitas, reproduções dogmáticas, etc... revelam o caráter conformador e reprodutor desse ensino, o que vem dificultar ou anular a possibilidade de interlocução e comunicação concretas em sala de aula. Neste ambiente, o falante da língua não pode ser sujeito do seu próprio discurso, tendo de se* adequar — *se quiser "vencer" — a um ensino orientado por cobranças e distanciado de sua reali-*

dade. Essa adequação ou adaptação aos esquemas rígidos de docência vai, paulatinamente, amortecendo o potencial de crítica, contestação e criatividade dos alunos. Como o ensino das normas que regem a língua "culta" transforma-se num fim em si mesmo (aprende-se sobre "a" língua, mas não se pratica *essa variante)*[3], *ocorre na escola uma desconsideração para com as condições sociais de produção da linguagem, o que é, também, uma forma de oprimir e de discriminar.*

Estilhaçamento: *refere-se ao caráter fragmentário e desintegrado do ensino de língua portuguesa em nossas escolas. Essa fragmentação ocorre no currículo de uma mesma série (horizontal) ou de uma série para outra (vertical). Os livros didáticos de comunicação e expressão são geralmente compostos por lições desligadas entre si, contendo fragmentos de obras literárias ou textos curtos que remetem os estudantes a uma miríade de referenciais. A seleção dos textos é feita segundo um item gramatical ou um estilema literário que se quer en-*

sinar. Nesse sentido, como o aluno é obrigado a "pular" de um lugar para outro no transcorrer das lições, fica bloqueada a possibilidade de adensamento de sua experiência sobre um determinado tema ou assunto. Esse estilhaçamento ao nível dos conteúdos e dos processos lingüísticos gera, também, a redundância curricular devido à não integração entre os professores na fase de discussão e planejamento do ensino[4].

Neste triste quadro do ensino de língua portuguesa, qual é o lugar ocupado pela leitura? Qual é a função que a leitura desempenha no contexto desse ensino? Basicamente, o de pretexto para exercícios de regras gramaticais e/ou de estímulo para diferentes tipos de redação. De fato, uma observação mais cuidadosa daquilo que se faz nas aulas e nas lições de língua portuguesa vai mostrar que existe um padrão fixo de encaminhamento, contendo três elementos em seqüência invariável: leitura (em voz alta ou silenciosa) → exercícios (de entendimento do texto e regras gramaticais) → redação. Não que esse padrão seja ruim em si mesmo — o problema é que, pisado e repisado no transcorrer da trajetória acadêmica dos alunos, ele se transforma numa rotina estafante e insuportável, onde não existe flexibilidade e nem variação das práticas. Daí Lilian Lopes Martin da Silva caracterizar a leitura escolarizada como aquela "(...) tecida sob a autoridade do que tem a chave da interpretação; tecida na coletividade que na escola quer dizer anulação; tecida na produtividade dos textos fragmentados — cadeia de alienação"[5].

As críticas e os problemas atinentes ao ensino de língua portuguesa e, mais especificamente, ao ensino de leitura foram colocados, de forma *esquemática*, no quadro acima. É claro que cada um desses problemas não surge ao acaso e possui, por isso mesmo, uma gênese social e histórica que precisa ser discutida e aprofundada para efeito de maior compreensão e clareza. Remeto os mais interessados ao meu livro *Leitura e Realidade Brasileira* (Porto Alegre: Mercado Aberto, 1985), onde procuro fornecer maiores esclarecimentos sobre as raízes históricas e sociais dos problemas presentes na área da leitura. Assim, nesta reflexão, o meu propósito foi o de chamar a atenção do professorado para um ensino que não está levando a nada, ou melhor, chamar a atenção para um ensino que está contribuindo para com a reprodução das estruturas sociais através da imposição da ignorância e da alienação. Por outro lado, como a denúncia não pode ficar nela mesma (isso seria permanecer no nível da lamentação inconseqüente), o quadro apresentado deve anunciar uma nova concepção e uma nova estruturação para o encaminhamento do ensino de língua portuguesa e de leitura nas escolas brasileiras.

A estruturação de elementos para uma nova pedagogia da leitura, que será objeto do próximo capítulo, estará ancorada numa concepção que *faz equivaler o ensino da língua à produção ou prática da língua por sujeitos (educador e educandos) que se dirigem ao conhecimento do mundo e, conseqüentemente, ao adensamento de suas experiências.*

Convém lembrar, desde já, que a estruturação de uma nova *pedagogia* não pode ocorrer no vazio porque se assenta, necessariamente, numa nova concepção de homem e de sociedade. Mais especificamente, a finalidade de qualquer pedagogia está amarrada às questões: O que nós, educadores, queremos com a educação do homem? Que tipo de homem queremos formar? Por outro lado, essa nova pedagogia, delineada a partir de uma análise crítica da sociedade e da ideologia que nela impera, buscando a emancipação e a transformação, deverá estabelecer uma *didática* que lhe faça jus, ou seja, deverá determinar os passos e os métodos para as práticas de ensino.

CAPÍTULO 6

**LEITURA ESCOLAR:
A QUESTÃO DE SUAS FINALIDADES**

"João José, o Professor, desde o dia em que furtara um livro de histórias numa estante de uma casa da Barra, se tornara perito nesses furtos. Nunca, porém, vendia os livros, que ia empilhando num canto do trapiche, sob tijolos, para que os ratos não os roessem. *Lia-os todos numa ânsia que era quase febre. Gostava de saber das coisas* e era ele quem, muitas noites, *contava aos outros histórias de aventureiros, de homens do mar, de personagens heróicos e lendários*, histórias que faziam aqueles olhos vivos se espicharem para o mar ou para as misteriosas ladeiras da cidade numa ânsia de aventuras e de heroísmo. João José era o único que lia correntemente entre eles e, no entanto, só estivera na escola ano e meio. *Mas o treino diário da leitura despertara completamente sua imaginação e talvez fosse ele o único que tivesse consciência do heróico de suas vidas.* Aquele saber, aquela vocação para contar histórias, fizera-o respeitado entre os Capitães da Areia, se bem fosse franzino, magro e triste, o cabelo caindo sobre os olhos apertados de míope. Apelidaram-no de Professor porque num livro furtado ele aprendera a fazer mágicas com lenços e níqueis e também porque, contando aquelas histórias que lia e muitas que inventava, *fazia a grande e misteriosa mágica de os transportar para mundos diversos,* fazia com que os olhos vivos dos Capitães da Areia brilhassem como só brilham as estrelas da noite da Bahia."

(Jorge Amado, *Capitães da Areia*, grifos meus)

As características de João José, personagem tão bem construída por Jorge Amado, indicam o poder e a força da leitura na vida de uma pessoa e de um grupo social. Isolando e analisando alguns trechos dessa caracterização, tentarei, mais à frente, estabelecer os propósitos ou as finalidades para o trabalho com leitura no âmbito da escola. Lembrar que a estruturação de uma pedagogia da leitura depende, antes de mais nada, de uma explicitação dos *objetivos* ou das *finalidades* que se pretende atingir com o processo de educação do leitor.

Sem horizontes bem configurados e bem fundamentados, que orientem o desenrolar das práticas e dos programas de leitura em sala de aula, corre-se o risco de cair no casuísmo e na improvisação...

O estabelecimento de objetivos para o encaminhamento do trabalho pedagógico (orientado para a leitura ou não) vai exigir que o educador assuma e demonstre na prática um posicionamento político frente à realidade social e frente ao papel da escola, vista aqui como uma instituição inserida nessa realidade. Considerando as contradições presentes na realidade brasileira neste momento histórico, parece-me que são dois os posicionamentos da escola e do professor:

- *educar para a* adaptação *ao meio, ou seja, submeter os educandos à ordem estabelecida, tornando-os dóceis e submissos às estruturas sociais vigentes. Neste caso, a pregação do conformismo e da obediência, com o objetivo de conservar ou reproduzir o atual sistema de valores, é a tônica das ações executadas pelos educadores. Em termos de leitura, o texto é imposto e não proposto: sua mensagem deve ser acatada e nunca contestada pelo leitor; ou*

- *educar para a* libertação *e* transformação, *ou seja, submeter as contradições e os valores do presente à crítica de modo que a sobrevivência e a convivência social, em seus diferentes aspectos, possam ser transformadas. Neste caso, a pedagogia centra-se no estudo rigoroso da realidade através de disciplinas escolares específicas, levando em consideração, de um lado, o tipo de sociedade em que se vive e a ideologia imperante e, de outro, as necessidades reais dos educandos, a sua curiosidade e sensibilidade, no sentido de produzir, como sujeitos, o conhecimento. Diálogo, cooperação, iniciativa e criatividade estão no cerne deste tipo de educação. Em termos de leitura, o texto é colocado como uma possibilidade para o trabalho de reflexão e recriação por parte dos sujeitos-leitores.*

Sou levado a crer, à luz das lamentáveis servidões (sociais, políticas, econômicas, culturais, etc...) reproduzidas historicamente no contexto brasileiro, que não existe meio termo para o trabalho pedagógico: ou se educa para a emancipação (conscientização, politização) ou se educa para a submissão (enquadramento, adaptação). Importantíssimo, aqui, o seguinte esclarecimento de Paulo Freire: "Tanto quanto a gente possa melhorar a prática educativa — antes mesmo que se dê a transformação radical da sociedade — melhor (...) Eu sei que a prática educativa não muda radicalmente antes que radicalmente mude a sociedade mesma como um todo, antes que a gente transforme as estruturas da sociedade. Mas sei também que não posso é esperar pela mudança radical da sociedade para depois então mudar a educação. É possível ir alterando, ir mudando, ir pondo cunhas no sistema educacional. Tudo quanto se puder fazer para melhorar hoje as condições de ensino e viabilizar às crianças e aos adolescentes de hoje uma possibilidade melhor de compreender a realidade, de entender a realidade; quanto mais se possa fazer isso, melhor."[1] E a leitura, enquanto um elemento fundamental do processo de ensino, é, também sem dúvida, um poderoso meio para a compreensão e transformação da realidade.

Após estas considerações preliminares, passemos então à explicitação das finalidades da leitura, a partir do excerto do livro *Capitães da Areia*, que serviu como introdução a este capítulo.

João José... "*Lia todos os livros numa ânsia que era quase febre.*"

Ânsia de ler. Febre de ler. Fome de leitura. Hábito de leitura. Gosto pela leitura. Prazer da leitura. Paixão da leitura. Tais expressões, muito recorrentes nos estudos que tematizam questões de leitura, apontam para a necessidade de, no contexto brasileiro, combatermos e, se possível, eliminarmos a condição de marginalidade do livro e do ato que permite a sua usufruição (o ler) através da *formação de leitores habituais ou assíduos*. De fato, conforme a análise que fizemos das condições de produção da leitura (caps. I e II), os livros não são devidamente encarnados no cotidiano de vida das pessoas e não se transformam, por isso mesmo, em objetos de valor e importância. Assim, a participação das pessoas no mundo da escrita, visando o preenchimento de diferentes motivações, fica significativamente atrofiada, enfraquecida ou eliminada, como é o caso, por exemplo, de muitos leitores escolarizados que regridem ao estágio de semi-analfabetismo ou analfabetismo por falta de prática freqüente de leitura.

Mostrar o valor da leitura ao educando não é uma tarefa difícil, pois esse processo, se produzido numa linha de experiências bem-sucedidas para o sujeito-leitor, significa uma possibilidade de repensar o real pela compreensão mais profunda dos aspectos que o compõem. Por outro lado, ainda dentro da vertente do convencimento, pode-se mostrar ao educando que, numa sociedade marcada pela mecanização e controle das consciências — o que resulta em massificação e alienação dos homens —, o livro e a leitura, enquanto instrumentos de conhecimento e crítica, significam uma possibilidade de luta contra o *status quo*, permitindo a antevisão de uma nova sociedade.

Mas, em termos de ensino, não basta teorizar ou discursar sobre o valor da leitura. É preciso construir e levar à prática situações a serem concretamente vivenciadas de modo que o valor da leitura venha a ser paulatinamente sedimentado na vida dos educandos. Na escola, essa sedimentação ocorre progressivamente ao longo das atividades curriculares e exige:

- professores competentes, *que sintam, eles próprios, o prazer da leitura e que pos-*

suam um amplo repertório de leituras, a ser compartilhado com os educandos no transcorrer dos cursos. Sem que o professor transmita e faça ver aos seus alunos a importância dos livros (e da linguagem verbal escrita) nas suas formas de ser e de se posicionar no mundo, pouco ou nada será conseguido em termos de desenvolvimento de hábitos de leitura;

- acesso aos livros: *a escola e os professores devem colocar à disposição das classes uma variedade de materiais escritos de modo que o educando possa preencher os seus interesses (e desenvolver outros) e satisfazer as suas necessidades, de acordo com as suas capacidades de leitura. Sem uma* proximidade palpável *entre o leitor e as diferentes formas de literatura, que pode ser conseguida através da formação de uma biblioteca central e/ou bibliotecas (acervos) de classe*[2], *dificilmente será desenvolvido o gosto pela leitura — ninguém pode gostar de um objeto que ele não tem possibilidade de experimentar e/ou de compartilhar...;*

- coerência nas propostas de ensino: *a consolidação da competência do leitor não é uma obra do acaso; pelo contrário, ela depende de um trabalho pedagógico bem fundamentado e bem conduzido intra e interdisciplinarmente. A leitura de diferentes tipos de texto exige do educando o domínio de habilidades, que resulta de* prática *e de* aprendizagem *no transcorrer de sua trajetória escolar. Para questionar, discutir e criticar um texto, por exemplo, os educandos precisam* vivenciar situações de questionamento, discussão e crítica junto com os seus companheiros e com a participação do professor. *Em termos de planejamento curricular, é importante diferenciar entre os textos para a prática de habilidades e os textos (literários, principalmente) para a leitura livre/espontânea/ auto-selecionada. Antes de ser desafiado pelos textos, o educando precisa* saber ler *— sem uma coerência em torno dessa tese pedagógica evidente, não haverá prazer na leitura.*

João José... *"Gostava de saber das coisas (...) contava aos outros histórias de aventureiros, de homens do mar e de personagens heróicos e lendários."*

Conhecimento. Aprimoramento pessoal. Alargamento e adensamento de experiências. Refinamento da compreensão. Inteligência do mundo. Qualquer que seja a concepção do processo de leitura, o *saber* sempre ocupa um lugar preponderante e essencial. Numa sociedade tão desumana como a nossa, marcada pela exploração e alienação do homem, o saber oriundo de leituras criticamente feitas é essencial ao *estado de vigilância e lucidez de qualquer cidadão*. Sem uma predisposição à dúvida, embasada no saber objetivo dos fatos, o risco de se cair nas malhas da manipulação é muito maior. Daí Nila Banton Smith esclarecer que "na leitura crítica precisamos ler com uma atitude de interrogação, com um desejo de buscar a verdade e com uma vontade de aprofundar o assunto, se necessário. Precisamos ler para avaliar, desafiar e ser desafiado, para decidir sobre a veracidade, distorção ou autenticidade dos fatos. Na leitura crítica, o sujeito precisa reagir ao texto, verificando se discorda ou concorda com o autor — e isso resulta de julgamento pessoal, baseado em experiência anterior, dados coletados de outras fontes ou, possivelmente, de raciocínio claro e objetivo"[3].

Ler e conhecer são atos indissociáveis, que aumentam o leque de opções e decisões do cidadão. Daí, muito provavelmente, a grande dificuldade em disseminar a leitura naquelas sociedades onde se fazem presentes os privilégios de classe e a injustiça social.

"Mas o treino diário da leitura despertara completamente a imaginação de João José e talvez fosse ele o único que tivesse consciência do heróico de suas vidas (...) fazia a grande e misteriosa mágica de os transportar para mundos diversos (...)."

Curiosidade. Imaginação. Criatividade. Fantasia. Sentimento. Invenção. Sensibilidade. A literatura, enquanto expressão da vida, tem a capacidade de redimensionar as percepções que o sujeito possui de suas experiências e do seu mundo. Por isso mesmo, a leitura da literatura, pela sua natureza e pela sua força estética, colabora significativamente para com a formação da pessoa, influindo nas suas formas de pensar e de encarar a vida.

Nas sociedades autoritárias e paternalistas, faz-se presente a repressão da fantasia, do desejo e do sentimento — isto porque a instauração da fantasia e do desejo pode significar o estabelecimento de movimento e de mudança na área social. Frustrado em sua imaginação, o ser humano é levado a se acomodar aos modos instituídos de ver o mundo, de conviver em sociedade. Daí a necessidade de, através do texto literário, (1) refletir sobre como os homens e as coisas poderiam ser de outra maneira e (2) imaginar os atos que aceleram o processo de mudança.

Em trabalho anterior, afirmei que "(...) fruir o texto literário e crescer pessoalmente ou transformar-se politicamente são partes de um mesmo ato. Ao leitor do texto literário cabe, então, não só compreender, mas também imaginar como a realidade poderia ser diferente; não só compreender, mas transformar e transformar-se; não só transformar, mas sentir o prazer de estar transformando"[4]. A partilha da experiência criadora, própria da leitura da obra de arte, permite, como diz Jorge Amado, uma viagem a "mundos diversos", uma percepção mais aguçada de nossa possibilidade de transformação da realidade. De fato, as incursões do leitor nas obras literárias produzem o alargamento do campo do possível e, conseqüentemente, a consciência de outras possibilidades de ser e existir[5].

Esta reflexão pretendeu mostrar que são diversas as finalidades que o educador pode se colocar para o encaminhamento do trabalho de leitura junto a seus alunos. O importante é que essas finalidades não fiquem subentendidas e nem permaneçam como meros apêndices das intenções de ensino, como geralmente acontece. O educador deve *explicitar objetivamente os porquês da leitura* para si e para seus alunos.

É na explicitação dos propósitos da leitura e na sua transmutação coerente para a prática docente concreta que o educador demonstra a sua opção política, ou seja, os interesses que são atendidos pela utilização de textos durante um curso. Afinal, livros, leituras e leitores na escola para quê? Para uma nova intuição da vida ou para reproduzir a realidade capengante que está aí?

Os livros e os manuais didáticos, salvo raríssimas exceções, não dizem claramente o que pretendem com as lições ou unidades de leitura. Quando o fazem, apresentam finalidades reducionistas, do tipo "extrair a idéia central do texto", "aumentar vocabulário", "ler com desenvoltura", "elaborar a ficha de leitura", "apreciar os clássicos", etc... Porque descontextualizadas, em termos teóricos, e porque segmentadas, em termos de seqüenciação curricular, tais finalidades não levam a praticamente nada, ficando como que "apagadas" no quadro geral das atividades de ensino. Assim, a formação do leitor, quando e se conseguida, transforma-se numa obra do acaso, que surge como uma decorrência fortuita de outras aprendizagens conseguidas na escola ou, o que também é possível, como um esforço pessoal — suado e pesado — do próprio aluno, à luz de diferentes contingências extra-escolares (caso este de João José, personagem de *Capitães da Areia*).

CAPÍTULO 7

**LEITURA: DA TEORIA PARA A
PRÁTICA EM SALA DE AULA**

"O senhor... Mire veja: o mais importante e bonito, do mundo, é isto; que as pessoas não estão sempre iguais, ainda não foram terminadas — mas que elas vão sempre mudando. Afinam ou desafinam. Verdade maior. É o que a vida me ensinou. Isso que me alegra, montão."

(João Guimarães Rosa. *Grande Sertão: Veredas*. [4.ª ed.] Rio, José Olympio Editora, 1965, pp. 20-21)

Depoimento sincero: sempre considerei a didática como um campo aberto, dinamizado pela imaginação e pela criatividade de um professor. Sem dúvida que a leitura e o conhecimento de experiências docentes, organizadas por outros professores, podem ajudar na re-definição dos rumos do processo didático, mas é a *sensibilidade* do professor, voltada às necessidades de grupos específicos de alunos, que define uma ou mais possibilidades de trabalho em sala de aula.

Acho que vou correr um risco danado com esse último capítulo do livro... Isto porque resolvi recuperar e sistematizar um conjunto de atividades para a dinamização da leitura escolar. Aos leitores que não entenderam tudo aquilo que tentei elucidar nos capítulos anteriores, essas atividades poderão ser tomadas como um "receituário". Entretanto, os mais inteligentes certamente saberão abordar as minhas sugestões com o devido cuidado, lembrando que as atividades — em si mesmas — só têm razão de ser quando amarradas às finalidades e aos conteúdos do ensino.

Li[1], presenciei, vi e/ou experimentei as atividades de leitura aqui descritas. E nem me lembro onde e por quem todas elas foram "boladas". Apenas fui pescando, nos limites de minha memória, práticas envolventes de leitura, realizadas por professores brasileiros e estrangeiros. Práticas que deram ou estão dando certo e que constituem um testemunho vivo de outras possibilidades de se trabalhar a leitura².

"Onde já se viu o Ezequiel propor uma lista de receitas aos professores!? Esta será, muito provavelmente, a crítica que receberei dos educadores mais radicais. Corro o risco e assumo, pois já estou meio cansado de ouvir papo filosófico e estratosférico, num momento em que os professores apresentam uma real necessidade de partilhar caminhos para saber se virar com a leitura junto a seus alunos.

Desenvolvimento de interesses por leitura

• A leitura, enquanto um processo que atende a diferentes propósitos, precisa ser claramente "mostrada" às crianças em função das aprendizagens que ocorrem por imitação da pessoa adulta. Muitos dos hábitos das crianças são uma decorrência da imitação dos hábitos dos adultos. Por isso mesmo, em *situações bem visíveis* aos alunos (na frente da sala de aula, na sala dos professores, no corredor, etc...), pode-se ler e discutir um livro que está em voga, jornais, revistas, etc..., mostrando, concretamente, que você — professor — convive com materiais escritos.

• Fazer com que o amor aos livros se transforme, esporadicamente, no tema central das conversas em sala de aula. Não forçar ou burocratizar essa conversa, mas falar informalmente sobre elementos do mundo da escrita: livros, autores, ilustradores, poetas, etc..., solicitando a participação (opiniões, comentários, avaliações) da classe.

• Transformar o livro (em si) no tema de discussão da classe: tamanho, ilustrações, parte de dedicatórias, tipos gráficos, tipo de capa, etc... Em caso de livros mais antigos, adicionar dados históricos sobre reimpressões, traduções, adaptações, etc... Adicionar uma comparação entre o veículo "livro" e outros meios de comunicação (rádio, TV, cinema, etc.).

• Compilar textos infantis (livros, revistas, recortes de jornais, etc.) relacionados com os eventos do calendário escolar ou com temas de interesse da classe e formar acervos específicos. Usar esses acervos por ocasião dos eventos ou festejos no sentido de aumentar a curiosidade e a compreensão das crianças. O professor poderá ler em voz alta alguns desses textos (10 a 15 minutos), deixando que os alunos os comentem ou estabeleçam pequenos projetos de pesquisa sobre o assunto. Ir aumentando os acervos de ano para ano com as contribuições e/ou trabalhos das crianças. Em pequenos grupos, as crianças podem partilhar o que leram sobre o assunto.

• A partir da análise de personagens centrais (ou secundárias) de um só romance ou de diferentes romances lidos, propor a discussão e o aprofundamento de conceitos amplos, como liberdade, coragem, democracia, trabalho, medo, miséria, etc.

• Poemas completos ou trechos de poemas, bem colocados dentro de uma situação ou unidade de trabalho, podem se transformar em excelentes meios para apresentar o assunto ou estimular interesses. Aproveitar seqüência do currículo e/ou acontecimentos do dia-a-dia para acionar esse procedimento. É certo que o professor deverá ter um bom repertório para estabelecer essas relações e, assim, estimular as crianças a fazerem o mesmo.

• Leitura coletiva ou em pequenos grupos, silenciosa ou em voz alta (um aluno lê para os outros). O restante do grupo, neste caso, vai interpretando, estabelecendo implicações, aprofundando as idéias do texto em função de suas experiências pessoais; segue-se debate geral na classe para a sistematização das conclusões sobre o tema em questão. Se possível, apresentar textos diferentes aos grupos, mas que versem sobre o tema em discussão.

• LEITURA EM VOZ ALTA PELO PROFESSOR — Os professores de 1.º grau têm uma séria responsabilidade e um gostoso privilégio de incentivar o gosto pela leitura através da leitura em voz alta para as crianças. De fato, ninguém resiste a uma história bem contada ou mesmo a um texto informativo que seja estimulante e bem selecionado. Ao ouvir os textos lidos em voz alta, as crianças vão criando consciência dos aspectos da expressão escrita e, ao mesmo tempo, menor relutância para se auto-exprimirem. Sugestões:

— às crianças das séries iniciais, ler o mais freqüentemente possível (diariamente);

— mostrar que você, professor, também aprecia o texto lido, conversando sobre o tema, escritor, ilustrações, trechos instigantes, a origem do autor, os porquês da história, etc... — tais aspectos são de fundamental importância para situar o contexto do texto e têm especial relevância para as crianças;

— no momento da leitura, criar um ambiente de relaxamento e descontração, com as crianças se acomodando em círculo ou sentadas no chão. Caso a escola possua um jardim ou área de lazer, levar as crianças para lá a fim de fruir as histórias lidas;

— apresentar aos jovens uma variedade de histórias e gêneros literários, discorrendo sempre sobre os autores, a gênese do assunto e estimulando comentários e discussões depois das sessões de leitura;

— ler contos de fadas que apresentem diferentes versões. Personagens diferentes ou finais diferentes podem estimular comparações por parte das crianças, facilitando o pensamento intuitivo e imaginativo;

— depois de várias sessões de leitura em voz alta, o professor pode solicitar que os jovens dramatizem histórias que eles mesmos selecionaram ou escreveram.

Importante: *A leitura em voz alta, seja ela feita pelo professor ou pelo estudante, deve ser* preparada (ensaiada) previamente, *na medida em que seus mecanis-*

mos são diferentes dos da leitura silenciosa. A conseqüência da não-preparação prévia poderá ser inibição e frustração da criança.

Atmosfera para leitura em sala de aula

• As crianças lêem quando os textos apresentam significados para elas. Quando da iniciação em leitura, algumas sentenças são escritas em tiras de cartolina e pregadas nas paredes da sala de aula. As crianças respondem ou agem segundo o que dizem essas sentenças: "Sentem-se", "Venha cá", "Você pode fazer isso?", etc... podem ser usadas inicialmente. Depois, as tiras podem dizer o que o grupo vai fazer em sala de aula: "Vamos ouvir música", "Vamos ler silenciosamente", "Hora do Recreio", etc... Dessa forma, os alunos vão lendo e se acostumando com os elementos da escrita.

• LEITURA SILENCIOSA — fundamental que os professores planejem sessões de leitura silenciosa *em sala de aula*, como parte da seqüência curricular. Não deixar esse tipo de leitura para ser feito somente na casa da criança. Fazer desse procedimento uma prática constante (por ex., uma hora por semana, em dia específico ou salteado, fazer leitura silenciosa em classe).

• Com os jovens, criar (encontrar materiais e decorar) um "Cantinho da Leitura" em sala de aula. Prateleiras à altura das crianças, cadeiras, pequeno tapete, etc... podem compor esse AMBIENTE. Deixar que os alunos fiquem à vontade para ler. Ir renovando o acervo de materiais quinzenalmente ou mensalmente, com livros e revistas de interesse das crianças.

Importante: *Arejamento e iluminação da sala de aula são elementos que devem ser lembrados pelo profesor quando da criação do "Cantinho da Leitura".*

Materiais apropriados de leitura

Com a sala devidamente preparada para o conforto e relaxamento nas atividades de leitura, é necessário providenciar uma variedade de materiais de leitura, renovando-os constantemente. Ninguém pode gostar de algo que não teve a chance de experimentar e partilhar...

• Apresentar aos estudantes das séries iniciais muitos, muitos livros e textos que eles possam ler e compreender. Livros didáticos, paradidáticos, literários, revistas, jornais, etc... da escola, de sua biblioteca pessoal, da biblioteca pública, etc... podem compor um acervo de classe, que seja de fácil acesso e manuseio pelas crianças.

• Proporcionar às crianças o acesso a livros suplementares para a leitura de lazer, discussões em grupo, leitura-prazer. Em sala de aula, usar livros de capa mole, livros de capa dura, artigos de jornal, revistas, dados de meteorologia — quaisquer materiais extras que não reduzam a leitura das crianças somente à do livro didático. O acesso ao mundo dos livros, agilizando prática constante, é de fundamental importância à formação do hábito de leitura.

• Procurando, perguntando, reivindicando, pedindo, etc..., encontrar materiais que sirvam para a leitura das crianças da série que você está ensinando. Partilhar as dificuldades dessa busca com as crianças de modo que elas possam colaborar na formação de um acervo para leitura.

• Boas revistas podem ser usadas como material suplementar de leitura em sala de aula. Caso você seja assinante de uma ou mais revistas semanais, levar exemplares para a sala de aula, deixando-as em local visível às crianças de modo que possam ser manuseadas e lidas. Artigos de ciências e estudos sociais podem também interessar aos jovens. As crianças gostam de folhear revistas e partilhar com colegas os artigos de interesse.

"Iscas" para chamar a atenção das crianças

Em que pese a quantidade e a qualidade de textos disponíveis às crianças, geralmente uma atividade inicial motivadora ou um jogo serve de incremento à leitura.

• Quando entram na sala de aula, as crianças lêem a "Mensagem do Dia" (ou da Semana ou do Mês), especialmente escrita para elas. A leitura pode tornar-se mais atraente quando os professores escrevem mensagens para as crianças.

• Remeter pequenas mensagens pessoais (diariamente ou semanalmente) para as crianças. A mensagem pode solicitar que a criança faça uma pesquisa sobre determinado assunto ou pode ser uma notícia anunciando um novo livro (à venda ou disponível na biblioteca). Todos nós gostamos de surpresas!

• Para dar mais sabor ao programa de leitura, escrever em cartolina e afixar na porta da sala enigmas ou piadas. Tais iscas atraem a atenção das crianças. Quem encontrar a resposta (um ou mais alunos), tem o seu nome afixado/escrito no espaço em branco do cartaz.

• "De onde elas vieram?" Esta pergunta, colocada sobre gravuras ou ilustrações ampliadas (semelhantes àquelas que aparecem nos livros), leva as crianças a um processo de interrogação e busca. Depois de encontradas as fontes, o professor pode fazer algumas perguntas sobre as ilustrações e levar a criança à leitura do livro.

• Novos títulos podem ser colocados num quadro mural, com um breve resumo sobre o conteúdo do livro. O professor lê os resumos em voz alta para ver quem se interessa pela leitura dos novos livros.

• Para introduzir as crianças na área da função da ilustração em literatura infantil, preparar uma pequena mostra (com um "poster") centrada num determinado ilustrador. Desenhar no poster os personagens do ilustrador. Exemplares dos livros, incluindo aqueles que já foram lidos para as crianças, são colocados ao redor desse "poster". Pronta a mostra, discutir o significado das palavras "ilustração" e "ilustrador", analisando as ilustrações de diferentes livros. Sem dúvida que as ilustrações atraem a atenção das crianças e ajudam a contar uma história. Ler em voz alta uma história que foi ilustrada e sugerir que as crianças leiam outras do mesmo ilustrador.

Ênfase na leitura compreensiva/significativa

É importante que as crianças discutam e assumam os propósitos para diferentes tipos de leitura, e que todos eles te-

nham como base a compreensão (maior ou menor) do texto.

- Através de discussões com as crianças, explicitar os *porquês* das diferentes práticas de leitura em sala de aula. O propósito da leitura encaminha o tipo de abordagem dos textos (informativa, recreativa ou de estudo).

- Como facilitação e incremento da compreensão de um texto, o professor poderá planejar as seguintes atividades:
  — de enriquecimento: preceder a leitura do texto com filmes, *slides*, mostras, excursões, estudo do meio;
  — de orientação: preceder a leitura em voz alta por uma leitura silenciosa em grupo, seguida de algumas questões sobre o conteúdo do texto;
  — de suplementação: fornecer textos complementares para incentivar a independência e a fluência dos leitores. Os textos suplementares devem ter uma ligação direta ou indireta com o conteúdo ou tema de discussão e estudo.

Envolvimento das crianças

Depois que as crianças das séries iniciais ganharem competência e fluência em leitura, o grau de participação nas atividades deve ir aumentando cada vez mais. A iniciativa e o fazer das crianças devem ser acentuados, individualmente ou em situações de grupo.

• Professor e/ou alunos gravam histórias em fita cassete para serem ouvidas em classe. Pode-se pensar numa mesa de audição com fones de ouvido — assim, a criança pode seguir o texto enquanto ouve ou pode somente ouvir as histórias que foram gravadas. A gravação pode ser seguida de perguntas como "O que você mais gostou nesta história?", "Faça um desenho daquilo que você mais gostou nesta história" ou outras semelhantes. Rimas, contos de fada, história do folclore, etc... podem ser gravadas para dar mais sabor à leitura.

• Filmes gravados em videocassete, direta ou indiretamente ligados a um livro a ser lido ou proposto, podem anteceder ou suceder a uma atividade. Solicitar que as crianças façam comparações e contrastes.

Leitura em voz alta pelos alunos

• Atribuir um tempo (5 a 10 minutos da aula) para leitura livre. Deixar que a criança escolha e leia um trecho de um livro que leu, sem fazer nenhum tipo de pressão. Inicialmente, uma vez por semana; ir aumentando a freqüência conforme o envolvimento das crianças. O trabalho de leitura em classe deve ser previamente preparado pela criança de modo que a inibição seja vencida.

• Troca de papéis: deixar que a criança seja o professor, leia em voz alta e partilhe livros com o restante da classe. Perguntar: "Quem quer ser o professor hoje?" e deixar que a criança estabeleça as diretrizes para o trabalho com leitura.

• Quando as crianças trouxerem livros para a formação da biblioteca de classe, perguntar quem deseja ler um trecho do livro em voz alta. Se o número de voluntários for grande, escrever os nomes na lousa e fazer um cronograma de apresentações.

Leitura independente/espontânea

A leitura espontânea, pessoal e selecionada pela criança é de fundamental im-

portância para a formação do hábito. Deve necessariamente existir abertura e oportunidade para que a criança leia livros de seu interesse. A escolha pessoal de livros deve ser incentivada, ainda que o professor possa orientar, recomendar e até mesmo sugerir textos, quando solicitado.

• Colocar na carteira de cada criança um livro que ela seja capaz de ler. A leitura desse livro ocorre em qualquer horário livre (depois de exercícios) ou então em horário específico para esse fim. Ao longo das aulas, as crianças trocam os livros entre si, fornecendo apreciações e recomendações.

• Utilizar acervos rotativos, emprestados das bibliotecas (escolares, públicas, etc...), equivalentes ao número de crianças de uma determinada série. Fornecer um livro para cada criança (se possível, deixá-las escolher), juntamente com uma folha de registro. O livro permanece com a criança durante uma semana e depois é trocado com o de outra criança.

Trabalhos/projetos de pesquisa

Atividades de leitura independente podem ser introduzidas juntamente com

> *projetos de pesquisa. Questões bem formuladas podem desafiar a curiosidade da criança e aumentar o seu desejo de ler e descobrir por que, como, quem, onde. Um cartaz na sala de aula pode ser usado para indicar o núcleo da pesquisa ou unidade de trabalho.*

• Em setembro (ou qualquer outro mês do calendário escolar), fazer um cartaz ou quadro mural com o tema "Dias de Setembro" e escrever o nome de pessoas famosas que nasceram nesse mês. Sugerir que as crianças escolham um nome que mais gostariam de conhecer. Não dizer por que esses nomes são importantes. Com a ajuda da bibliotecária (se existir) e com textos trazidos às crianças, colocar à disposição fontes de pesquisa. Os resultados das pesquisas dos alunos são colocados no cartaz (ou quadro mural), promovendo partilha e integração das informações.

Troca de livros — circuito de leitura

> *Recomendações, sugestões, dicas de colegas ou do professor ajudam a desenvolver hábitos de leitura, abrindo cami-*

nho para a auto-escolha e gosto pela literatura.

• No início do ano, pedir aos alunos que tragam um livro à escola para efeito de troca. Numa sessão inicial, dar alguns minutos para que a criança fale sobre o livro que deseja trocar. As trocas são feitas entre as crianças. Os livros permanecem com as crianças segundo o tempo que for estabelecido pela própria classe (uma, duas ou três semanas). A leitura pode ser feita em classe ou em casa, no fim de semana.

• Um mesmo texto (curto, de preferência) pode ser lido por duas crianças ao mesmo tempo. Fazer esse trabalho em sala de aula e pedir que elas conversem sobre o que leram e depois fazer grupos de 4 crianças para uma partilha recíproca do que foi lido.

• Planejar uma "festa da leitura" — quinzenalmente ou uma vez por mês. A organização das atividades dessa festa é feita pela classe. Leitura de trechos em voz alta, dramatizações, ilustrações, etc... podem ser colocadas como atividades.

• Verificar se a biblioteca da cidade possui acervos móveis que cheguem à escola e preparar recepção com as crianças de modo que os livros possam ser conhecidos e dinamizados. Muitas bibliotecas possuem serviços de extensão. Programar visitas à biblioteca da cidade.

• Um pequeno segmento das aulas (5 a 10 minutos) pode ser dedicado a "comerciais" sobre livros. Perguntar à classe "Quem gostaria de fazer um comercial hoje?" A criança deverá discorrer sobre o livro na tentativa de convencer os seus colegas a lerem o livro. Esta atividade também pode ser feita por escrito (cartazes, mensagens, etc.).

• Fazer cartazes sobre os livros lidos, com desenhos e palavras que captem a atenção da classe, estimulando a imaginação e convidando os colegas a lerem os livros.

Jogos e desafios

• Perguntar à classe: "Quem vai nos fazer rir hoje?" Um livro de humor pode ser brevemente revisto. As crianças podem ler ou contar piadas. O objetivo é gerar descontração e muita risada.

• Jogo "Tenho um segredo" — há um moderador/coordenador, e um membro da classe que terminou de ler um livro será o convidado. O restante da classe agirá como painelista, fazendo perguntas ao convidado no sentido de descobrir o nome do livro que foi lido e descobrir o segredo. As perguntas podem se dirigir ao conteúdo, ao autor, etc... Este jogo estimula outras crianças a lerem o livro em questão ao mesmo tempo que recupera outros livros lidos pela classe.

Dando mais vida às leituras

• Dramatizar trechos dialogados de uma história, deixando fora os "disses".

• Para relatar uma determinada história, se vestir como a personagem principal o mais semelhantemente possível. A criança, ao relatar, assume as características da personagem, fornecendo e vivendo os seus sentimentos e reações.

• Teatro de bonecos ou de marionetes ou de figuras no flanelógrafo. A leitura da história pode ser gravada pelos professores ou pelas crianças.

• Dramatizar, espontaneamente ou com ensaios, contos que foram lidos. Fazer uma sessão de teatro, dividindo a classe em grupos de 5 a 7 para dramatizar uma mesma história (mostrando a interpretação do grupo) ou histórias diferentes. Comentar as apresentações, destacando pontos positivos e negativos.

• Toda semana uma criança se veste como a personagem do livro que está lendo. A classe tenta descobrir quem é a personagem.

Respostas críticas e criativas à leitura

> *A leitura exige muito mais do que a soletração de palavras. A criança deve relacionar os conteúdos com as suas experiências, agindo e reagindo. Ler para além das linhas é essencial.*

• Depois de ler um texto silenciosamente, fingir que as crianças são autores e partir para a modificação da história. Atividade de cunho oral, com os alunos propondo mudanças de rumo dos fatos. As mudanças são colocadas na lousa ou colocadas em cartazes. Dessa forma, os propósitos da versão original ficam mais claros à classe.

• Em aulas de educação artística, as crianças ilustram partes dos livros que gostaram de ler.

• Ilustrar poemas. As crianças podem omitir o título do poema na ilustração. Professor coleta as ilustrações e pede à classe que tente adivinhar o título do poema.

• Pedir avaliações dos livros lidos: solicitar aos alunos opiniões pessoais sobre os motivos por que gostaram ou não da história. Vários livros desprezados podem ser procurados depois dessas avaliações à medida que novos critérios são discutidos, e a importância da leitura pode vir à tona.

Leitura e redação

• O aluno escreve uma história curta com o mesmo título de um livro a ser lido. Escolher previamente os títulos e dar opções às crianças. Deve haver certeza de que os livros estarão disponíveis a fim de completar o processo. As crianças gostam de comparar a sua história com a história do livro lido.

• Recuperar as histórias escritas pelas crianças e mimeografar para toda a classe na forma de uma brochura.

• Jornal de classe (com editorial, artigos, avaliações, ilustrações, histórias, etc...), versando sobre livros e leituras. As crianças levam o jornal para casa e lêem para seus familiares.

Registros de leitura

> *As crianças, como todos nós, gostam de ter evidência concreta a respeito do seu progresso em leitura — registros e cartazes podem ser indicações tangíveis desse progresso.*

• Manter, num caderno ou numa pasta, um registro dos livros que cada criança leu. Ao final de cada mês, entregar o registro às crianças, fornecendo incentivos e indicações para mais leituras no mês seguinte.

- Fazer um cartaz bem grande na sala de aula com o título "Livros que eu já li". Colocar o nome de cada criança e os títulos que ela já leu.

- Pedir às crianças que preparem uma lista de livros e autores para ser lida no período de férias. Os livros podem ser comprados ou emprestados de amigos ou da biblioteca.

- Recortar cartolinas coloridas na forma de pequenas circunferências; conforme as crianças vão terminando as leituras, colocar o seu nome, o nome do livro e o nome do autor nas circunferências e pregar na parede de modo a cobrir todas as paredes da sala. Ao pregar na parede, pedir que a criança faça um breve relato oral do livro. A tarefa se transforma num desafio às crianças na medida em que não se pode repetir um mesmo título nas circunferências (um incentivo para que novos títulos sejam buscados).

- Fazer um cartaz com o título "Estes livros nós já lemos". Bolsos para cada aluno são afixados nesse cartaz, onde são colocadas fichas com breves resumos. Periodicamente esses relatos são lidos em voz alta a fim de estimular o interesse dos colegas.

• Formar um *clube de leitura*, deixando que as crianças estabeleçam as regras do seu funcionamento. Esse clube poderá envolver crianças de diferentes séries e poderá mobilizar toda a escola em atividades conjugadas (festa do livro, feira do livro, dramatizações, etc...).

Uso de bibliotecas

> *A leitura deve também ser praticada fora dos limites da sala de aula, no sentido de ir consolidando o hábito. Dessa forma, os seus resultados poderão afetar significativamente o lar da criança (pais e irmãos) e até mesmo o trabalho pedagógico da própria escola.*

• No que tange à promoção e dinamização da leitura, a instalação de uma biblioteca escolar (ou sala de leitura) é essencial. Administradores, professores, alunos, bibliotecários e pais podem se unir com o propósito de formar uma biblioteca na escola. Pessoal especializado, horários que realmente sirvam às crianças e aos professores, mobiliário, sistema de empréstimo e de funcionamento, etc... devem ser discutidos e viabilizados. Sugestão: que a biblioteca funcione no período de férias, organizando atividades que dinamizem a leitura (sessões de leitura, de teatro, filmes, palestras, etc...).

• Organizar uma "festa da leitura" (ou do livro) na biblioteca escolar em cada semestre letivo, convidando os pais, parentes e amigos das crianças. Nessa festa, as crianças, supervisionadas pelos professores, apresentam jograis, dramatizações, teatrinho de fantoche, etc. em torno de um tema central ou unidade de trabalho.

• Efetivar um "estudo do meio" nas bibliotecas públicas da cidade, com a colaboração da bibliotecária responsável. O objetivo é que as crianças conheçam os recursos disponíveis e passem a freqüentar assiduamente as bibliotecas existentes. As crianças podem ser incentivadas a descobrir e ler, na biblioteca pública, histórias que tratem de temas de interesse do grupo.

• Convidar uma bibliotecária para vir à escola com o intuito de conversar sobre o mundo da biblioteca. Essa conversa poderá ser complementada com outras atividades: dramatizações de histórias, audiovisuais, fotografias, etc... As crianças aprendem a preencher a ficha do leitor e levam outras fichas para serem preenchidas por seus familiares e amigos. Aproveitando a vinda da bibliotecária, poderá ser estabelecido um sistema de intercâmbio entre a biblioteca e a escola.

• Em caso de não existência de biblioteca na escola ou na cidade, solicitar que cada criança compre um livro para a formação de um acervo de classe. Preparar uma lista contendo livros de literatura apropriados. As próprias crianças, uma vez formado o acervo, decidem quantos livros vão trocar durante o semestre. O controle da circulação dos livros entre as crianças é feito por um voluntário (secretário da biblioteca da classe).

Biblioteca particular da criança

A posse de livros é importante para a criança. A formação do hábito de leitura pode ser facilitada pela auto-escolha

> *e aquisição de livros atraentes e adequados. A escola, através dos professores, pode e deve tentar um intercâmbio com o(s) livreiro(s) da cidade.*

• Preparar listas de livros, adequadas à série em que está ensinando, e estimular as crianças a adquirir livros ao longo do ano. Depois de adquirido, o livro é mostrado à classe, podendo ser comentado pelo professor no sentido de estimular a sua leitura por mais crianças. Pode-se estabelecer um sistema de trocas/empréstimos para os novos livros adquiridos.

• Fornecer orientação para que a criança vá formando a sua biblioteca pessoal em casa. Problemas relativos a local, iluminação, acervo básico (dicionários, enciclopédias, autores, etc...) podem ser esclarecidos pelo professor. Pode-se ainda pedir que as crianças que tenham bibliotecas familiares contem como elas são e quem mais usa os livros existentes em casa.

• Preparar e enviar uma "mensagem aos pais", informando-os sobre o valor e a importância da leitura, a necessidade de compra freqüente de livros para as crianças, necessidade de horários de leitura em casa, a formação da biblioteca da criança, etc...

NOTAS DO CAPÍTULO 1

1. Paulo Freire fornece a caracterização da "educação bancária" em quase todas as suas obras, principalmente na *Pedagogia do Oprimido*. Verificar que um acervo de livros ou textos, quando dogmática e autoritariamente colocado aos educandos, adquire as características de "serviço bancário", com a predominância da dimensão estritamente quantitativa da leitura (n.º de páginas lidas, n.º de livros retirados da biblioteca, n.º de vezes que o aluno leu em voz alta para a classe, etc...).

2. No livro *A Escolarização do Leitor* (Porto Alegre, Mercado Aberto, 1986), à página 67, Lilian Lopes Martin da Silva afirma que "o processo de formação do leitor na escola está articulado a um cotidiano onde o que existe é um intricado conjunto de mecanismos que acaba por NEUTRALIZAR a prática da leitura como uma experiência de reflexão, domínio de linguagem e organização do real (...)".

3. Como as necessidades de leitura não são decididas coletivamente, conforme o horizonte de busca de conheci-

mento dentro do qual o grupo se situa, os resultados são "cobrados" pelos professores para efeito de avaliação. Daí a presença de chamadas orais (leitura salteada), fichas de leitura, questionários, testes, etc..., que vão paulatinamente configurando o para quê da leitura escolar, isto é, o "ler para a nota". Feita a prova e uma vez conseguida a aprovação, as informações, por não serem significativas, rapidamente desaparecem da memória dos leitores.

4. FREIRE, Paulo & GUIMARÃES, Sérgio. *Sobre Educação (Diálogos)*. Rio de Janeiro, Paz e Terra, 1982, Vol. I, p. 90.

5. Os professores, principalmente os de língua portuguesa, ainda não conseguiram se desvencilhar da "canga gramatical" e das "pílulas definitórias". Dessa forma, não sobra tempo, dentro do espaço curricular, para a prática da leitura — esta é, na maioria dos casos, uma tarefa para ser realizada em casa e apresentada na aula subseqüente. A este respeito, vale a pena ler o livro *Língua e Liberdade*, de Celso Luft (Porto Alegre, L&PM, 1985).

6. LINS, Osman. *Do Ideal e da Glória. Problemas Inculturais Brasileiros*. São Paulo, Summus, 1977.

7. No meu artigo "A dimensão pedagógica do trabalho biblioteconômico", inserido no livro *Leitura na Escola e na Biblioteca* (Campinas, Papirus, 1986, pp. 67-83), faço algumas sugestões para uma maior integração entre professores e bibliotecários.

8. A alfabetização deve ser tomada como um ponto de partida para a inserção do educando no mundo da escrita e não como um processo que se esgota em si mesmo. O aprimoramento do leitor deve ocorrer ao longo de toda a sua trajetória acadêmica e continuar pela vida.

9. "Paisagem da paisagem" — a expressão é de Carlos Drummond de Andrade, na poesia "Paisagem: como se faz" (*As Impurezas do Branco*. Rio de Janeiro, José Olympio e INL, 1973, pp. 40-41).

NOTAS DO CAPÍTULO 2

1. Ao trabalhador brasileiro, oprimido pelas leis do capitalismo selvagem, resta pouco tempo e pouca energia para uma dedicação mais freqüente à leitura. Por isso mesmo, a conquista das 40 horas semanais de trabalho (e de outros direitos trabalhistas) coloca-se como uma condição necessária para a sua participação em atividades culturais, incluindo, certamente, a fruição de livros.
2. Diga-se de passagem que essa expropriação também envolve, por um lado, o rebaixamento dos salários dos professores e, por outro, a desatenção intencional para com a manutenção da infra-estrutura das escolas.
3. "A leitura do mundo precede a leitura da palavra, daí que a posterior leitura desta não possa prescindir da continuidade da leitura daquele. Linguagem e realidade se prendem dinamicamente. A compreensão do texto a ser alcançada por sua leitura crítica implica a percepção das relações entre o texto e o contexto." Paulo Freire, *A Importância do Ato de Ler*, São Paulo, Cortez, 1983, pp. 11-12.

4. Por incrível que pareça, grande parcela de professores ainda acha que o ser leitor é uma questão de "dom", ou seja, uma característica inata que já nasce com a criança... Magda Becker Soares, no livro *Linguagem e Escola — Uma Perspectiva Social* (São Paulo, Ática, 1986), fornece um excelente quadro das ideologias (do dom, déficit cultural e deficiência lingüística) que circularam e ainda circulam pelo sistema educacional brasileiro.

5. A ausência dessa infra-estrutura (humana e material) nas escolas faz com que os livros remetidos pelos órgãos centrais fiquem "encalhados" nas Secretarias Estaduais de Educação ou mesmo na sala das diretoras. É marcante a morosidade da distribuição dos livros a professores e alunos, que deveriam ser os principais beneficiários dos programas. Com a falta de infra-estrutura e com a morosidade resultante, surge a improvisação, quando não o próprio descaso.

6. Depois de discorrer sobre a ideologia subjacente aos programas nacionais de leitura, enfocando mais detalhadamente as tentativas brasileiras dos dias atuais, Edmir Perrotti afirma que "(...) transformar a literatura (infanto-juvenil) em instrumento de difusão de leitura significa não apenas amesquinhar sua potencialidade, mas, sobretudo, usá-la para um projeto social que entende os comportamentos culturais enquanto 'hábitos programados' que devem ser inculcados à revelia do grupo social amplo". Edmir Perrotti, "Leitura como fetiche", in *Revista Leitura: Teoria & Prática*", Campinas, ALB e Editora Mercado Aberto, n.º 8, dez./86.

7. Essa tese é assim colocada por Marisa Lajolo: "(...) se a relação do professor com o texto não tiver um significado, se ele não for um bom leitor, são grandes as chances de que ele seja um mau professor. E, à semelhança do que ocorre com ele, são igualmente grandes os riscos de que o texto não apresente significado nenhum para os alunos, mesmo que eles respondam satisfatoriamente a todas as questões propostas". In "O texto não é pretexto", *Leitura em Crise na Escola. As Alternativas do Professor.* Regina Zilberman (org.). Porto Alegre, Mercado Aberto, 1982, p. 53.

8. DÉCROLY, apud MERANI, Alberto. *Natureza Humana e Educação*. Trad. por Helena Leonor Santos, Lisboa, Editorial Notícias, p. 68.
9. FREINET, Elise. *Nascimento de uma Pedagogia Popular. Os Métodos Freinet*. Trad. por Rosália Cruz, Lisboa, Editorial Estampa, 1978, p. 46.
10. PEY, Maria Oly. *Reflexões sobre a Prática Docente*. 2.ª ed., São Paulo, Edições Loyola, 1986, p. 53.
11. O professor, com a colaboração dos alunos, pode manejar o acervo de uma biblioteca de classe (40 a 50 livros). Porém, o crescimento dos acervos vai exigir conhecimento técnico, oriundo da biblioteconomia, para a organização e melhor utilização dos livros. Em nosso ponto de vista, cabe ao professor a função de *ensinar*; cabe ao Estado *proporcionar condições para que o ensino se efetive*, e dentre essas condições se coloca a formação e manutenção de boas bibliotecas escolares para o atendimento dos alunos e para a atualização pedagógica dos professores. Uma das causas da decadência do nosso ensino está exatamente na atribuição, cada vez maior, de novas funções à escola. Como essas novas funções não são acompanhadas de infra-estrutura material e humana, quem acaba por exercê-las é o próprio professor. E daí que se fortalece a noção de "magistério como dom e sacrifício" e não como um trabalho que necessita de um conjunto de condições para ser efetivado na prática.

NOTAS DO CAPÍTULO 3

1. KHÉDE, Sônia Salomão. *Censores de Pincenê e Gravata*, Rio, CODECRI, 1981, p. 29.
2. No meu estudo "Acesso ao livro e à leitura no Brasil — pouco mudou desde o período colonial" (in *Boletim da ALBS*, n.º 1, março/1984), procuro explicar as raízes históricas da censura na área, mostrando as suas nefastas conseqüências para a educação brasileira.
3. MARCOS, Plínio, "Moral e bons costumes: censurar uma peça contrária à censura", in KHÉDE, Sônia Salomão, op. cit., p. 187.
4. Ao refletir sobre a natureza do processo ideológico (in *Educação, Ideologia e Contra-Ideologia*. São Paulo, EPU, 1986, p. 30), Antonio Joaquim Severino diz: "As representações e valorações que se dão à consciência são ideológicas na medida em que *escamoteiam e camuflam* as reais condições da situação social. Ocorre um processo de desvirtuamento da própria representação, que perde a sua possível objetividade." (grifos nossos)

5. WOOLF, Virginia. "How should one read a book?", in *Gateway to the Great Books — Critical Essays*. Chicago, Encyclopaedia Britannica, Inc., 1963, Vol. 5, p. 5.

6. No livro *As Belas Mentiras* (São Paulo, Cortez & Morais, 1979), Maria de Lourdes Nosella mostra como os conteúdos dos textos escolares estão desvinculados da realidade social e da vida dos educandos. Fúlvia Rosemberg, através de várias pesquisas na Fundação Carlos Chagas (SP), vem mostrando as estereotipias que estão presentes nos livros infanto-juvenis.

7. LINS, Osman. "Uma Disneylândia pedagógica", in *Do Ideal e da Glória, Problemas Inculturais Brasileiros*. São Paulo, Summus, 1977, pp. 133-138.

8. FREINET, Elise. *Nascimento de uma Pedagogia Popular*. Trad. por Rosália Cruz, Lisboa, Editorial Estampa, 1978, P. 156.

9. LAJOLO, Marisa, "O texto não é pretexto", in *Leitura em Crise na Escola. As Alternativas do Professor*. Regina Zilberman (org.), Porto Alegre, Mercado Aberto, 1982.

10. A este respeito, explica-nos Paulo Freire: "O autoritarismo que corta as nossas experiências educativas inibe, quando não reprime, a capacidade de perguntar. A natureza desafiadora da pergunta tende a ser considerada, na atmosfera autoritária, como provocação à autoridade. E, mesmo quando isso ocorra explicitamente, a experiência termina por sugerir que perguntar nem sempre é cômodo." Paulo Freire e Antonio Faundez, *Por uma Pedagogia da Pergunta*, Rio de Janeiro, Paz e Terra, 1985, p. 46.

NOTAS DO CAPÍTULO 4

1. SMITH, Frank. "A política da ignorância", in *The Politics of Reading. Point and Counterpoint.* Delaware, Eric & Ira, 1973, p. 28.

2. Lombroso: médico italiano que afirmava poder reconhecer os criminosos pelas suas características físicas, ou seja, se o indivíduo possuísse tal configuração do crânio, então seria um criminoso.

3. O Projeto "HEAD Start", nos Estados Unidos, foi antecedido por uma pesquisa nacional sobre os resultados conseguidos com diferentes métodos de alfabetização, mostrando que o preparo do *professor* era o elemento mais importante nesse processo. Vide Tinker, Miles A. & McCullough, Constance M., *Teaching Elementary Reading* (3.ª ed.), New York, Appleton-Century-Crofts, 1966.

4. "(...) leitura envolve a compreensão do lido, a apreensão do significado na página escrita, caso contrário não passa de simples decodificação de letras em sons da fala. Assim, alguém que esteja efetivamente lendo está também en-

tendendo o que lê. Como pode uma criança chegar a recitar corretamente todas as palavras escritas e ao final não saber o que ali estava escrito? (caso não tão raro, se se atenta para as queixas de professores dos mais diversos níveis)". Maria Laura T. Mayrink-Sabinson, "Refletindo sobre a alfabetização", in *Revista Leitura: Teoria & Prática*. Campinas, ALB & Mercado Alberto, n.º 7, junho/1986, p. 16.

    5. SILVA, Ezequiel T., *Leitura e Realidade Brasileira*, 2.ª ed., Porto Alegre, Mercado Aberto, 1985, p. 56.

    6. MERANI, Alberto L., *Natureza Humana e Educação*. Trad. por Helena L. Santos, Editorial Notícias, 1978, p. 55.

    7. CABRAL, Leonor Scliar, "Processos psicolingüísticos de leitura e a criança", in *Revista Letras de Hoje*. Porto Alegre, PUC-RS, n.º 64, março/1986, p. 19.

    7. MARQUES DE MELO, José. "Os meios de comunicação de massa e o hábito de leitura", in *Revista Leitura: Teoria & Prática*. Campinas, ALB & Mercado Aberto, n.º 2, outubro/1983, p. 19.

    9. FREIRE, Paulo & GUIMARÃES, Sérgio. *Sobre Educação. (Diálogos)*. Rio de Janeiro, Paz e Terra, 1982, Vol. II, p. 42.

    10. Costuma-se dizer que as histórias em quadrinhos também afetam negativamente a formação do leitor. Ora, Cuba, o país com o maior índice de alfabetização do mundo, lançou mão das histórias em quadrinhos para a iniciação do povo na leitura. Fazendo o quê? Eliminando o conteúdo alienante dos quadrinhos importados dos Estados Unidos e colocando em seu lugar referentes sociais críticos. Confirma-se, assim, que os veículos não são ruins em si mesmo e podem ser utilizados pelas escolas. Por outro lado, será que podemos afirmar, *categoricamente*, que todos os programas de TV e todas as histórias em quadrinhos são ruins?

    11. A expressão "leitura bancária" é extraída da seguinte colocação de Paulo Freire: "(...) o aspecto mágico da palavra que se expressa na leitura quantitativa — quanto mais livro eu compro, quanto mais livro eu olho, quanto mais livro eu *penso* que estou lendo, mais eu *penso* que estou sabendo". Paulo Freire, "Da leitura do mundo à leitura

da palavra", in *Revista Leitura: Teoria & Prática*. Campinas, ALB & Mercado Aberto, n.º zero, novembro/1982, p. 3.

12. GADOTTI, Moacir. *A Educação contra a Educação. O Esquecimento da Educação e a Educação Permanente*, Rio de Janeiro, Paz e Terra, 1981, p. 38.

NOTAS DO CAPÍTULO 5

1. GERALDI, João Wanderley, "Prática da leitura de textos na escola", in *Revista Leitura: Teoria & Prática*. Campinas, ALB & Mercado Aberto, Ano 3, julho/84, n.º 3, p. 26.
2. FREIRE, Paulo & GUIMARÃES, Sérgio. *Sobre Educação (Diálogos)*, 3.ª ed., Rio de Janeiro, Paz e Terra, 1984, p. 31.
3. "(...) a escola leva os alunos pertencentes às camadas populares a *reconhecer* que existe uma maneira de falar e escrever considerada legítima, diferente daquela que dominam, mas não os leva a *conhecer* essa maneira de falar e escrever, isto é, a saber produzi-la e consumi-la". Magda Soares, *Linguagem e Escola. Uma Perspectiva Social*, São Paulo, Ática, 1986, p. 63.
4. A redundância curricular (repetição de um mesmo conteúdo de série para série) faz estagnar a estrutura cognitiva dos alunos pela não apresentação de desafios à sua curiosidade e aos seus trabalhos escolares. No terreno da leitura, este ficar-batendo-na-mesma-tecla pode ser demonstrado através da indicação redundante, feita pelos professores, de sempre um mesmo autor, livro e/ou texto.

5. SILVA, Lilian Lopes M. da. *A Escolarização do Leitor. A Didática da Destruição da Leitura*. Porto Alegre, Mercado Aberto, 1986, p. 63.

NOTAS DO CAPÍTULO 6

1. FREIRE, Paulo & GUIMARÃES, Sérgio, *Sobre Educação (Diálogos)*. Rio de Janeiro, Paz e Terra, 1984, Vol. II, pp. 68-69.
2. Em nossas escolas públicas, observa-se uma carência de estimulação sociocultural para a leitura. Ao aluno fica a impressão de que a leitura é um processo a ser efetivado fora dos limites da sala de aula. Por que não levar recortes de jornais e revistas e/ou outros tipos de materiais escritos e deixá-los à disposição daqueles que queiram ler? No Estado de Santa Catarina, uma professora criou um "cesto de livros e revistas", colocando-o num canto da sala de aula, à disposição da curiosidade dos alunos — o sucesso foi instantâneo, com grupos retirando os materiais existentes, contando o que leram e trazendo outros textos para enriquecer o acervo inicial.
3. SMITH, Nila Banton. *Reading Instruction for Today's Children*. New Jersey, Prentice Hall, 1963, p. 83.
4. SILVA, Ezequiel T., *Leitura na Escola e na Biblioteca*. Campinas, Papirus, 1986, p. 26.

5. Para Néstor Garcia Canclini, "a arte verdadeiramente revolucionária é aquela que, por estar a serviço das lutas populares, transcende o realismo. Mais do que reproduzir a realidade, interessa-lhe imaginar os atos que a superem" (in *A Socialização da Arte*. Trad. por Maria Helena R. da Cunha e Maria Cecília Q. M. Pinto. São Paulo, Cultrix, 1980, pp. 31-32). A competência para o ensino da leitura vai exigir, por isso mesmo, que o educador saiba distinguir entre uma literatura de fruição (comprometida com a vida) e uma literatura de consumo barato (preocupada apenas com a comercialização do livro).

NOTAS DO CAPÍTULO 7

1. A maior parte das categorias utilizadas no elenco de atividades deste capítulo foi extraída do caderno *Development of Lifetime Reading Habits*, editado por Dorothy M. Dietrich & Virginia H. Mathews (Newark, International Reading Association, 1968, pp. 49-69).
2. Descrições mais pormenorizadas de práticas e experiências alternativas para o encaminhamento da leitura no contexto escolar brasileiro podem ser encontradas nas seguintes publicações:
— GERALDI, João Wanderley (org.). *O Texto na Sala de Aula*, 2.ª ed., Cascavel, Assoeste, 1984.
— MALARD, Letícia. *Ensino e Literatura no 2.º Grau. Problemas e Perspectivas*. Porto Alegre, Mercado Aberto, 1985.
— MARCO, Valéria de & outros. *Língua e Literatura: o Professor Pede a Palavra*. São Paulo, Cortez e APLL, 1981.
— RESENDE, Vania Maria. *Literatura Infantil e Juvenil. Relatos de Experiência na Escola*. Belo Horizonte, Edit. Comunicação, 1983.

— ZILBERMAN, Regina (org.). *Leitura em Crise na Escola. As Alternativas do Professor.* Porto Alegre, Mercado Aberto, 1982.
Revista Leitura: Teoria e Prática (revista). Campinas, ALB & Mercado Aberto, do n.º zero ao n.º 9.

TEXTO E LINGUAGEM

Coleção dirigida por Alcir Pécora, Haquira Osakabe, Maria Laura Mayrink-Sabinson e Raquel Salek Fiad

Problemas de Redação   Alcir Pécora (3ª edição)

E as Crianças Eram Difíceis... A Redação na Escola   Eglê Franchi (7ª edição)

A Lingüística e o Ensino da Língua Portuguesa   Rodolfo Ilari (4ª edição)

Linguagem, Escrita e Poder   Maurizzio Gnerre (3ª edição)

O Aprendizado da Leitura   Mary Kato (3ª edição)

A Produção Escrita e a Gramática   Lúcia Kopschitz Bastos e Maria Augusta Bastos de Mattos (2ª edição)

Elementos de Pedagogia da Leitura   Ezequiel Theodoro da Silva (2ª edição)

Diário de Narciso   Maria Irma Hadler Coudry

Discurso, Estilo e Subjetividade   Sírio Possenti (2ª edição)

Leitura, Literatura e Escola – Subsídio para uma reflexão sobre a formação do gosto   Maria do Rosário Mortatti Magnani

Da Fala à Linguagem... Tocando de Ouvido   Eleonora Cavalcante Albano

Redação e Textualidade   Maria da Graça Costa Val (3ª edição)

Portos de Passagem   João Wanderley Geraldi (2ª edição)

Desenvolvimento do Discurso Narrativo   Maria Cecília Perroni

Próximo lançamento:

Coesão e Coerência em Narrativas Escolares   Lúcia Kopschitz Bastos

IMPRESSÃO E ACABAMENTO:
YANGRAF Fone/Fax: 6198.1788